中国语言与符号学研究会主办

语言与符号 （第10辑）

Language & Sign

主　编　王铭玉

副主编　田海龙　王　军　王永祥

北京航空航天大学出版社

BEIHANG UNIVERSITY PRESS

图书在版编目（CIP）数据

语言与符号. 第 10 辑 / 王铭玉主编. -- 北京 : 北京航空航天大学出版社, 2023.4

ISBN 978-7-5124-4083-8

Ⅰ.①语… Ⅱ.①王… Ⅲ.①符号学 - 研究 Ⅳ.①H0

中国国家版本馆 CIP 数据核字（2023）第 072735 号

语言与符号. 第 10 辑

责任编辑：李　帆

责任印制：秦　赟

出版发行：北京航空航天大学出版社

地　　址：北京市海淀区学院路 37 号 （100191）

电　　话：010 - 82317023 （编辑部）　　　010 - 82317024 （发行部）

　　　　　　010 - 82316936 （邮购部）

网　　址：http：//www. buaapress. com. cn

读者信箱：bhxszx@ 163. com

印　　刷：北京九州迅驰传媒文化有限公司

开　　本：787mm×1092mm　1/16

印　　张：10

字　　数：219 千字

版　　次：2023 年 4 月第 1 版

印　　次：2023 年 4 月第 1 次印刷

定　　价：49.00 元

目 录

理论研究

1992—2022：结构论符号学 30 年的变革与坚持①

雅克·丰塔尼耶

1 绪言

我在这里提出结构论符号学演变的主题全景图，而非每个主题的详细介绍。结合过去 30 年的经验，并且在重建新的连贯性的基础之上，我今天的目标就是（把相关内容）做一个综合。

1992 年是格雷马斯去世的那一年，就在前一年，《激情符号学》（格雷马斯、丰塔尼耶，1991）一书出版；而在 5 年以前，《论不完善》（格雷马斯，1987）一书也得以出版。

我将回顾过去 30 年（1992—2022）世界结构论符号学的主要发展情况。对于学科发展的细节，一篇论文显然是不够的。因此，我将利用这种全景图综合介绍这 30 年来出现的一些新观点：①假象理论；②符号学作为翻译不可译成分的工具；③感知符号学、感受体符号学和情感符号学的发展；④行为者理论的转变。

2 假象理论

当我开始发言时，你们可能想知道我究竟面向哪些受众来进行如此广泛的介绍，你们可能想知道自己之前对我的了解与我现在演讲的内容和性质是否相符。这就是所谓的演讲者的"精神准备"（ethos），在演讲之前就已经被演讲者所获得。但是你们也想知道我发表、处理和参与演讲的方式是否能够为接下来的发言提供一个良好的开端，我是否已经做好准备，从而信守自己的承诺。这仍然是一种"精神准备"，只不过它是一种内在气质，是先于你们的意志而被构建的。有一种事物你们可能不会扪心自问，但它恰恰十分重要，那就是你们事先就已经获得的"听众精神准备"（listener ethos）：听这场讲座是否合适？演讲者是否了解听众的精神准备？修辞学已经认识到这些现象，以便提高说服的有效性和促进演讲操纵的成功。然而，对所发生的一切进行描述，衡量利害关系，评估方法论和理论成果，这些都不属于修辞学真正关心的范围。

事实上，更为广泛地讲，精神准备和社会互动有关，它们是构成符号场景的实例之间的互动，精神准备只不过是一个更为广泛问题之中的一个被限定的层面。参与互动，使其存在并显现就足够了；因此这个"显现的存在"不由自主地发出"假象"（simulacra），

---

① 雅克·丰塔尼耶在"结构与传继：叙述论符号学的最新发展"国际专题论坛研讨会（2022 年 5 月 28 日，天津）上的发言稿（英文），中文翻译得到了丰塔尼耶的授权，由王天骄译为中文。

它们只是存在的表现形式：我存在，因此我显现，因此我产生假象，它在互动环境下不断流通和传递。假象差不多就是持久或暂时的意义效果，它们的意指结构需要被建构。人类施事者并不是唯一的假象生产者。就以今天的大会为例，广播和录制这次会议的技术设备的运行，能够看到诸位姓名、影像及面部表情的屏幕和小方框等都生产假象。

符号学告诉我们，在互动过程中，我们呈现了自己和他人的假象。这里所说的"我们"并不仅限于人类施事者，身体（包括非人类生物的身体）和物体也可以表现出假象：在这些互动中，假象不断循环，从而影响和刺激我们。有必要给符号学家们提个醒，因为他们天真地以为所谓的"感受互动"（sensitive interaction）即审美，将会是纯粹的真理，将会避免假象的呈现。似乎正在感受（他物）的身体不能够刺激和处理自己的感觉。

就其本质而言，假象会使我们产生合理的质疑，引发距离感，从而提供无数适应和调整的可能性。简言之，就是提供操纵和自由的余地。假象是互动环境中不断循环的意义效果，它们自主地与参与者建立关系。特别是当这些参与者不是"人类"，却又可以被阐释的时候，假象就更多地与它们的精神气质相关。因此，不相信假象具有优势的人是危险的，甚至是可怕的。因为这些人天真地坚信自己就是被表现出来的样子，而不是任何其他的事物。让我们培育假象，假象让我们社会化，让我们融入文化。假象可以很美妙，可以很隐晦，也可以很高效。尤其是在过去的 30 年间，假象是一种优势，现在有必要明确指出，这些假象被赋予感知，它们是互动的感知表现。

3 变革、过渡和突变：符号学作为翻译"不可译成分"的工具

意义效果和互动环境下循环的假象是阐释的动力，也就是说是意义建构的动力。作为需要被构建的意义的"标示符"（index），它们通过重新表述、翻译或"蜕变"（transmutation）来触发一个转换过程。符号学方法论和认识论的这一维度历经丰富的发展，这些发展都对 20 世纪六七十年代的结构主义中出现的描述性形式主义及其应用态势形成了挑战，并鼓励（学者）把各种现有的理论思潮联系起来：形式主义思潮、形态动力学思潮、蜕变思潮、皮尔斯思潮、洛特曼思潮以及格雷马斯思潮。

我提醒你们注意格雷马斯的立场（格雷马斯，1970）：①意义只存在于对它的分析之中，因此意义只能在重新表述和转换中被理解和建构；②最普遍的"重新表述—移位"是叙述性的。因此，对于格雷马斯来说，转换有两个互补的维度：一是叙述转换，它构建被分析对象的意义；二是分析转换本身，它进行元语言方面的重新表述。叙述性在格雷马斯符号学（包括它向情感和激情的延伸）中的卓越地位首先取决于它揭示意义的力量：叙述转换实际上是一种移位，它将初始状态的内容转换为最终状态的内容（格雷马斯，1970，1983）；每一个状态都被单独呈现，它们只是将要被构建的意义的迹象，并且通过移位才将它们联系在一起，让我们获得了意义。除了叙述性之外，还有

许多其他"重新表述—移位"的可能性：支撑它们的基本结构、价值论取向、形象性以及表达形式等也参与到类似过程之中。

例如，当我们在一幅绘画中识别出一座山的圆形轮廓时，它可能只是一种感觉效果的标示符。如果我们能够将其与其他相同或派生的形式进行比较的话，那么我刚才所举出的例子就会表明，对于转换的假设变得似乎合理而可信了，而且相关分析将可以建构这些对比和形变的意义。于是，"重新表述—移位"的认识论原则提供一种描述方法。只有两种表述之间存在差异，意义建构才能成功。此时同一种形式的复归并不是一件精确的复制品，而是一件并不十分完美的产品。发生移位的两个极点之间，某种东西已经被修改。要使用另一个词汇，就有必要将意义效果翻译为意指结构。因为孤立的意义效果是不可言说的，只有当意义效果至少有一部分不能够被翻译的时候，意指结构才能建构起来。

在翻译和移位表现的另一极，存在"爆炸现象"（explosive phenomena）。在思考文化爆炸所扮演的角色时，洛特曼描述了（1992 年用俄语，2004 年用法语）基于事件的爆炸机制，它一反特定性规律以及对历史特性的因果解释。对洛特曼来说，这种"爆炸"是不可译情形的典范，在全球范围内以普遍的消极性为特征：爆炸发生在一个不确定、不可预测、无法再现、不合逻辑和无法翻译的世界。洛特曼表明，这种以模态否定性为特征的爆炸性现象正是文化价值产生的源泉。因此，爆炸的消极性已经在积极地勾勒出一个新价值世界的创造力，爆炸将预测和（或）翻译的不可能性转变为创造未来的自由。洛特曼坚持这样一个事实，即翻译必须至少是不完美的，才能拥有意义和创造性。

在实践中，所有的符号学都赞成一个概念，即意义效果本身是不可描述的，只能通过重新表述、翻译、移位或蜕变才能成为意指结构。从这个视角看，所有的符号学理论都像是翻译"不可译成分"的工具。对于皮尔斯符号学来说，这些理论都可算是"阐释的循环"（cycle of interpretation），它们周期性地返回并诉诸新的阐释。由于一个阐释会过渡到另一个阐释，所以每一次循环的过程中都会发生移位现象。对洛特曼来说，它们是连续性爆炸的积累。在这些爆炸之间，假如翻译留存于同一种价值世界之中（即同一种符号范围之中），那么它就是不可能的。但如果价值世界和符号范围得到改变，那么翻译就会是成功的和创造性的。在格雷马斯看来，这种能够翻译"不可译成分"的工具是意义的生成路径（格雷马斯、库尔泰斯，1979），其中每一个等级都主张在新的元语言层面对前一等级重新表述。因此，比如行为元语言层被翻译为模态元语言层，接着被翻译为激情元语言层。对其他符号学家来说，这些路径要么是借助于概念模块网络（拉斯捷［Rastier］，1989），要么是借助于各种方法工具（法布里［Fabbri］，2008），等等。

围绕把意义转换（或翻译）为意指结构这一基本问题，我们可以确定过去 30 年在结构论符号学领域发展起来的至少 7 个互为补充的方法论取向：①转换—重新表述方向

（格雷马斯，1979）；②动态形态学方向（佩第托［Petitot］，2004）；③社会互动方向，偏向"过渡"概念（兰多夫斯基［Landowski］，2004）；④张力方向，事件在所有不可预测的随机性中占主导地位（齐勒贝尔伯格［Zilberberg］，2006）；⑤实践方向，兼论战略适应原则和对坚持行为或生命路径的承诺（丰塔尼耶，2008，2015）；⑥有关陈述时位和客体化过程的方向，它允许从主体端到客体端的移位（高概［Coquet］，2007）；⑦蜕变—翻译方向（法布里，2003）。上述这些是互补的解决方案，不仅相互兼容，还带来不同的意指维度，并遵循同一种移位路径的基本原则。

对格雷马斯来说，意义在转换中被捕捉到。这种转换通过元语言的重新表述而获得，重新表述的过程中还派生出一种方法工具：我已经谈到"意义生成的路径"，它是一个巨大的翻译—移位程序，从最简单到最复杂、从最抽象到最形象的程序都可能涉及。但是这个翻译工具（指符号学）是笛卡尔式的工具，它的基本原理由一套标准所构成，该标准决定了符号形式应该是什么样子（它是分级的，有序的，规范的）。重新配置这一位置主要在于提出建议，以便实施其他的蜕变—翻译方式和其他可能的自由而富有创造性的安排，此时不需要再考虑层级性、简单性和复杂性、抽象性和形象性（法布里，2014）。

格雷马斯式的翻译工具将会是"规范而标准的"（基于方法论规范），即受到笛卡尔教条的约束。相反，法布里式的移位—翻译工具尽管具有相同的概念整体，但它是建立在一套推理法的基础之上。这套推理法可以算作一种可用的工具，它可以针对每个需要处理的问题进行概念组合的调整，每一次都会选择、重组和重新配置推理法中可利用的可能性分析。

4 感知、感受体和情感

作为符号学进入感受"转向"的第一步，身体和情感不仅将感知视为生理和心理事件，还首先将其视为符号事件：感知是一种符号化行为。格雷马斯预见到这一点（格雷马斯，1986），甚至认为它是构建结构语义学的必要前提。

> 在充分了解事实的情况下，我们建议将感知视为意义理解所在的非语言场所。……但是，关于人类世界的意义是位于感知层面的这种论断旨在将探索限定于常识世界，或者就像我们所说的那样，限定于感受世界。因此，语义学公开承认自己是一种描述可感品质世界的尝试。（格雷马斯，1986，pp. 8—9）

（符号化）程式的目标是固定的，但程式本身也需要建立，从而继续考察可感品质，这个问题在整个叙述研究期间一直悬而未决。根据让-弗朗索瓦·博尔德龙（Jean-François Bordron，2011）的观点，为了将感知视为一种符号化行为，有必要把下面这个想法作为出发点，即感知是一个动态的过程，其结果首先是一个表达平面。

在感知过程中，一个感受对象包含无数可能的方面，如同一连串不完整的草图。以感受对象为目标，我们可以选择和配置这些草图。于是，在主体与感受对象之间的感知互动之中，出现了对象以外的事物，它对草图进行选择，并且对主体与感受对象之间的感知互动进行表达。然后，符号化行为把表达平面和内容平面结合起来，内容平面是一种情感，我们在感知行为中可以深切地感受到它的存在。换句话说，感知行为可视为符号化的操作者。一方面，这一行为在主体与对象之间建立起联系和目标，即表达平面；另一方面，这种行为也会影响到我们，此种类型的影响属于内容平面。

让-弗朗索瓦·博尔德龙（2011）主张区分这种感知符号化过程的三个阶段：①最初领悟，与感官刺激的相遇；②拟像时刻，它足够稳定，给我们提供一种印象，即形式被维护得很好；③对形式充分而持久的识别最终涉及一个认同阶段。"领悟、拟像和认同"是通过感知捕捉到一个或一组草图的三个瞬间，但是我们通常情况下总是处理由许多异质草图构成的复杂流程，对这些草图的处理其实就是在强调符号化组织的第二个层级。

让我们想象一下，我们正在看一幅画，感知捕捉的序列可能涉及绘画中的某个要素，拟像外形或造型组合，不过这幅绘画本身也在即时感受中引发了很多相似的感知捕捉，所以有必要过渡到整个意指集合：各种基本感知捕捉到的整体是在感受的另一个维度上组织起来的，我们把这个维度归为"直觉"（intuition）。因此，通过直觉就可以考察好几个相关的感知捕捉。

直觉首先是一种印象，这种印象由不稳定的连接体所提供，它也是一种感性元素纠缠在一起的印象。直觉围绕一个或几个方案来收集这些分散的连接体，多亏这些方案，直觉在第二阶段进行了综合。于是，它把表达方式的综合体与深层、潜在或加密的内容组合在一起，从而接触到符号化行为的全局。例如，在视觉领域，它开启了塑形符号化的可能性，即在众多拟像外形中以某种加密方式开启了另一个意义世界，这和拟像符号化有所不同。在第三阶段，直觉是类比的：这是将表达图示和直觉与潜在内容联系起来的阶段。最后，这条道路开启了另一个由表达和内容组成的感受世界，它在想象阶段达到顶峰，想象阶段填充和部署了这个世界的各个方面。

印象、综合、类比和想象，通过这一序列，直觉在意义的感知建构过程考察并超越即时感受。两个（不同的）序列可以通过嵌套连接在一起，构成感受符号学的组合模式。印象是模式的支点，因为一方面，它收集多重性的效果和即时感受捕捉的连接点；另一方面，它开启了直觉的路径。

$$\{[理解、拟像化、认同] \times N = [印象]\} > [综合] > [类比] > [想象]$$

现在，感知符号化使得重新考虑身体的符号学角色成为可能。将感知置于符号化的核心位置意味着把中介作用赋予浸润于环境中的有知觉的身体，而这一环境本身也栖居着其他有知觉力的身体，正是这个有知觉力的身体把感知的表达平面（主体把对象视为目标）及其内容平面（感受捕捉期间的情感经历）紧密结合在一起。

此外，这个正在感受的身体，沉浸在其他身体栖居的环境中，参与身体间的相互作用，从中接收到刺激，从而产生两种不同却互补的结果：动作和痕迹。

在动作方面，对于身体来说，表达平面由动作构成，在符号化过程中，它和内容相结合，内容是由环境所导致的变化而构成。简言之，这是一种运动实践符号化（kine-praxic semiosis）。

在痕迹方面，对于身体来说，它把身体上的痕迹（print）视为表达平面；而产生和镌刻这些痕迹的互动则被视为内容平面。为了便于解释，所有痕迹都被连接在一个共同的网络中，然后我们可以称之为共同语言实践符号化（koinêpraxic semiosis）。

运动实践和共同语言实践是正在感受的身体在与环境和其他周围物体的相互作用中进行符号化的两种方式。从与感性世界的关系这种严格的视角来看，这两种方式分别对应两种类型的感觉，肌肉运动知觉（kinê aesthêsis）和存在感觉（koinê aisthêsis）。从以上两种符号学原则中诞生了一种身体外形符号学，或者更广泛地说痕迹符号学。

首先是感知符号学，然后是情体符号学（semiotics of the sentient body），最后是情体之间的互动符号学。现在对于情感、激情和情绪符号学来说，道路已经很清晰了。

事实上，激情可以被描述为模态化工具："懂得做"和"不能做"组合在一起，"能够做"和"不必做"组合在一起，等等。但是，激情的符号学范围远远超出了这些模态描述。无论它们的大小和构成如何，它们都是互动环境下流通的那些"假象"的一部分。从符号学视角看，激情这一属性不是施事者（特别是个体施事者）的专利，它们是散布于各符号场景中的整体属性，这一点尤其可以解释激情的传播性。

5 行为者和行为

过去 30 年来，符号学研究领域的显著扩展必然会带来许多概念和方法论的成果，包括那些与行为者有关的成果。将社会领域（的研究）延伸到各种非人类甚至是非生物（的领域）。这不仅带来了相当多样化的行为者形式，特别是还伴随着符号学向技术和生态领域的扩展，这些扩展引起了行为概念领域各种各样的重新配置。"行为"这一概念在语言学、特别是在比较语言学中已经存在很长时间了。其中"行为结构"指的是"谓词事件环境"的一部分，它描述了言语活动组织谓词与名词及施事环境之间关系的方式：行为结构（主格的、宾格的、主动的、分离的、离散的等）以它们所组织的"行为域"（actance domain）为前提。行为结构决定了行为者被识别和被赋予角色的方式。例如，弗朗索瓦·拉斯捷（François Rastier）从文化符号学的角度采用了行为这一概念。继拉斯捷之后，三个"人类区域"（anthropic zone）——身份、近端区域和远端区域——的人类学模型都提供了自己的行为结构（拉斯捷，1998），而这三个人类区域也确定了三种行为者类型。

此外，人们对"如何确定人类施事者的行为"这一问题进行了讨论，在此基础上，有关"施事者网络"（actor-network，Callon & Latour 2006，Latour 2005，Law 1999）的社会学的推动者们发起了辩论。继他们之后，社会施事者不仅由社会和制度组织所决定，而且人类集体行为主要在于组合、分解和重组他们之间的多重关系。这些关系涉及人类和非人类、生物和非生物、日常物品以及复杂的技术产品。约翰·罗（John Law）特别坚持这些"施事者—网络"的异质性，认为它是必要和必需的，并作为相关条件和方法论原则而被采纳。然后，人们的注意力被集中在组合、重组、关闭、打开和移动行为边界的永久性工作之上。因此，动作是分布性的，并且固定角色从来都没有明确地分布在网络中分散和聚集的施事者之间。如果说施事者—网络的社会学也被称为"翻译社会学"（sociology of translation）的话，那的确是因为施事者—网络是一个隐含于移位和形变中的行为者。

在拉丁美洲，大查科的阿约里奥（Ayoreo）印第安人在缺乏符号学家任何帮助的条件下，早在 2000 年代①末就发现了这样的"网络"。首先，一支真正的人类（命名为"阿约里奥"）是由他们自身、灌木丛、森林、山脉以及当地多种多样的动物组成的；其中一支"非人类"组织则由白色的两足动物、欺凌者、广阔牧场以及成群的牲畜构成，它们破坏自己集体的生存环境和文明。对阿约里奥人来说，这两大施事者—网络之间的斗争是暴力、血腥和绝望的：这导致他们的世界几乎完全毁灭，且网络化的集体行为者也被摧毁。

因此，行为者—网络理论对"行为"这一概念有着直接的诉求。这一概念是一种方法论原则，它不需要具体指出行为者的角色，并且保留了异质性条件和形变动力。行为的主要源泉在于它的完整性、形变、识别以及它的坚持等。行为这一概念让位于一个全新的和互补的问题：异质性构成模式的符号相关性以及行为者形变的潜力。

现在，我想就此方面做一些有益的提醒。

20 世纪 80 年代，当格雷马斯提出模态理论时，他就认为模态必须从深层次上取代行为者系统（格雷马斯，1983）。朝这个方向迈出的第一步就显示出模态的优越性，即正式驱逐"辅助者""反对者"这两个行为者，取而代之以它们直接的模态命名，例如"能够—做"或"懂得—做"（格雷马斯、库尔泰斯，1979）。

在《论不完善》（On Imperfection，格雷马斯，1987）一书中，格雷马斯走得更远，他将存在的模态化置于意义建构链的开端（不必存在、必须存在）。这些原始模态化的根源是感受经验的变化，感受经验的变化位于存在显现的构成缺陷之中。所以，对最初缺陷的模态进行重新表述，这样就触发了对意义的追求。

同样，在有关激情之模态构建的《论意义（第二卷）》（格雷马斯，1983）一书中，

---

① 2000 年代指的是 2000—2009 年，也就是 21 世纪的第一个 10 年。——译者注

格雷马斯已经直接从情绪和位态（phoria，包括惬意和不悦）过渡到存在之模态化（渴望的、可能的、强制的等）。此外，无须通过行为者就可以获得它们的激情效果。所有这些元素都可以追溯到 20 世纪 80 年代，并且它们仍然有待深化和扩展。

让我们回想一下，当兰多夫斯基分析互动行为的时候，此行为仅涉及"互动行为者"（interactant），而且这些行为只是"感受时位"（sensitive instance），在行为者身上表现得并不稳定。因此，当兰多夫斯基接近激情领域时（兰多夫斯基，2004），他绝不会受到行为者角色的阻碍，激情效果直接来自互动机制的波动。因此，这符合安娜·埃诺（Anne Hénault）在《能够就是激情》（*The Power as passion*）一书中所创建的"感受概念"（concept of feeling）：在这本书中（埃诺，1994），可感知的波动直接产生了激情效果，而不必成为行为者的某种属性。

换句话来说，在互动行为中，在不涉及上游可感物（无论是什么样的可感物）的情况下，就不可能再考虑到行为者。基于同一种理念，齐勒贝尔伯格开辟了基本意指原始模态化的道路。这种原始模态化是通过把强度、广度的各种变化结合在一起来完成的。在齐勒贝尔伯格道路的尽头，原始模态化成为一种简单的、没有主体与对象的情感，成为一种没有行为者的纯粹的符号学效果（齐勒贝尔伯格，2006）。

因此，我们面对行为者和行为这两个概念时必须考虑到当今世界的问题。例如，关于生态转型或气候危机，符号学分析必须对牵涉进各种实体的行为类型进行质疑。这些实体有"中位界"（midst，比如冯·乌克斯库尔的《环境界》，2015）、"盖亚"① （Gaia，比如洛夫洛克的《地球系统》，1995；拉图尔的《地球》，2015）和"生物圈"（韦尔纳德斯基，2002）等。当代人类学（特别是在德科拉斯的所有作品中）非常准确地表明，这些生态行为的先验特征并不是普遍的，它们只是暂时占据主导地位，这都是因为"自然主义"文明的力量……

6 结论

我刚刚所提及的所有内容使人们能够理解格雷马斯逝世 30 年以来，结构论符号学为什么以及用何种方式进行深刻地自我更新。30 年来的发展是建立在格雷马斯所从事的工作的基础之上的，尤其重要的是，众多符号学家都直接或间接地为这个风靡全球的知识体系作出了贡献。我刚才所提到的那些概念就像是一颗颗行星，它们既可以合相（同时出现），也可以如线性般依次出现：①模态化在行为者角色方面的卓越性；②方法论效果和形态动力方法的成果；③没有行为者角色支持的体验与感受概念；④在任何符号张力中，一种初始的和非锚定的情感的原始位置；⑤考虑周围环境、去个体化感受力以及在互动中扩散的身体；⑥集体行为者的形变内涵，这些行为者处于社会生态的扩展之中。

---

① 盖亚，本来的意思是指希腊神话中的大地女神，这里用"盖亚"一词指代与地球或地球生物系统有关的实体。——译者注

这就是近 30 年来符号学的历史以及它在最近的未来可能呈现给我们的全景之一。

结构论符号学不是永恒作品中的教条，它应该被无休止地打磨和重复。这是一个集体研究项目，其中的每一个要素都可以被重新考察、重新检验和重新建构。最后一点（虽然是最后一点，但同样重要）：所有这些科研问题都特别出现在利摩日、里昂、列日（比利时）、巴勒摩（意大利）、乌尔比诺（意大利）和圣保罗（巴西）的几个符号学团队中。

参考文献①

［1］ Akrich, M. , Callon, M. , & Latour, B. (éd.). 2006. *Sociologie de la traduction：textes fondateurs* ［M］. Paris：Presses de Mines Paris Tech.

［2］ Bordron, J. F. 2011. *L'iconicité et ses images. Etudes sémiotiques* ［M］. Paris：Presses Universitaires de France.

［3］ Coquet, J. -C. 2007. *Phusis et Logos* ［M］. Paris：Presses Universitaires de Vincennes.

［4］ Fabbri, P. 2003. *Elogio di Babele* ［M］. Roma：Meltemi.

［5］ Fabbri, P. 2008. *Le tournant sémiotique* ［M］. Paris：Lavoisier.

［6］ Fabbri, P. 2014. *La svolta semiotica* ［M］. Bari：Laterza.

［7］ Fontanille, J. 2008. *Pratiques sémiotiques* ［M］. Paris：Presses Universitaires de France.

［8］ —2011. *Corps et sens* ［M］. Paris：Presses Universitaires de France.

［9］ —2015. *Formes de vie* ［M］. Liège：Presses Universitaires de Liège, collection Sigilla.

［10］ —2021. *Ensemble. Pour une sémiotique du politique* ［M］. Liège：Presses Universitaires de Liège, collection Sigilla.

［11］ Greimas, A. J. 1970. *Du Sens 1. Essais Sémiotiques* ［M］. Paris：Seuil.

［12］ —1983. *Du Sens 2. Essais Sémiotiques* ［M］. Paris：Seuil.

［13］ —1986 ［1966］. *Sémantique structurale* ［M］. Paris：Presses Universitaires de France.

［14］ —1987. *De l'Imperfection* ［M］. Périgueux：Fanlac.

［15］ Greimas, A. J. , & Courtés, J. 1979. *Sémiotique. Dictionnaire raisonné de la théorie du langage* ［M］. Paris：Hachette.

［16］ Greimas, A. J. , & Fontanille, J. 1991. *Sémiotique des passions. Des états de choses aux états d'âme* ［M］. Paris：Seuil. Landowski, E. 2004. *Passions sans nom* ［M］. Paris：Presses Universitaires de France.

［17］ Latour, B. 2005. *Changer de société. Refaire de la sociologie* ［M］. Paris：La Découverte.

［18］ —2015. *Face à Gaïa. Huit conférences sur le Nouveau Régime Climatique* ［M］. Paris：

---

① 为便于广大读者查找外文原始文献，本文并未把参考文献译成中文，特此注明。

La Découverte, coll.

[19] Law, J. , & Hassard, J. (éd.). 1999. *Actor Network Theory and After* [M]. Oxford, Blackwell and Sociological Review.

[20] Lotman, J. 2004. *L'explosion et la culture* [M]. Trans. Inna Merkoulova. Préface de Jacques Fontanille. Limoges: Pulim.

[21] Lovelock, J. 1995. *Gaia. A New Look at Life on Earth* [M]. Oxford: Oxford University Press.

[22] Petitot, J. 2004. *Morphologie et esthétique* [M]. Paris: Maisonneuve et Larose.

[23] Rastier, Fr. 1989. *Sens et textualité.* [M]. Paris: Hachette.

[24] —1998. *Prédication, actance et zones anthropiques* in Forsgren, M. , Jonasson, K. , et Kronning, H. éds. *Prédication, Assertion, Information.* Acta Universitatis Uppsaliensis, coll. Studia Romanica Uppsaliensia, Stockholm, Almquist et Wiksell International, 56, 1998, pp. 443 –461.

[25] Vernadsky, Wl. 2002 [1929]. *La biosphère* [M]. Paris: Seuil.

[26] Von Uexküll, J. 2015 [2010]. *Milieu animal et milieu humain* [M]. Paris: Payot, Bibliothèque Rivages. Trans. Charles Martin-Fréville. [1956 (1934)], *Streifzüge durch die Umwelten von Tieren und Menschen. Bedeutungslehre* [M]. Hambourg: Rowohlt.

[27] Zilberberg, Cl. 2006. *Eléments de grammaire tensive* [M]. Limoges: Pulim.

作者简介

雅克·丰塔尼耶，法国资深符号学家、国际视觉符号学学会主席，法国利摩日大学语言学和符号学教授，博士生导师。

译者简介

王天骄，法国索邦大学（巴黎第四大学）语言学博士，天津外国语大学语言符号应用传播研究中心特邀研究员、讲师。

法国结构论符号学：从系统论到叙述论

张智庭

摘　要：该文系统地介绍了法国符号学从 20 世纪 50 年代末兴起到今天在其发展的不同阶段的用名、主要理论及不同名称在汉语中的译名，介绍了多位语言学家对于法国符号学发展的贡献，目的在于助力读者对于法国符号学有一个比较全面的认识和理解。

关键词：系统论符号学　叙述论符号学　结构论符号学　表达平面　内容平面

1 导言

　　法国符号学，至今已走过七十几年的历程了。从其大的发展阶段来说，自 20 世纪 50 年代起步到 60 年代达到巅峰和之后的延续算是第一个阶段，从那时至今算是第二个阶段——当然，我们也可以说从格雷马斯去世（1992）之后到现在算是第三个阶段，即"后格雷马斯时代"。因为在这个时期法国符号学的研究领域极大地丰富了、扩展了，对于格雷马斯的理论有继承，也有发展，形成了法国符号学探索的新时期，所以，也可以说它是第三阶段——当然说继续其属于第二个大的阶段也无可非议。两个大的阶段的区别除了研究内容的不同外，还在于各自使用的符号学名称不一样。对于第一个大的阶段，当时的符号学是与"结构主义"同时出现和同步前行的。人们沿用了结构语言学创始人瑞士语言学家索绪尔（Saussure de F.，1857—1913）提出的符号学的名称"sémiologie"，并基本不离开作为"形式"的"语言"之探索。进入第二个大的阶段后，法国符号学使用的是"sémiotique"一词，并基本上不脱离"动态的"成熟活动。而对于我们在此命名的第三个阶段，除了其出现了不同的研究方向外，还表现在这个阶段对于法国符号学在整体上的认知变化。那么，它们之间是怎样实现过渡的呢？

　　我们在众多的法国符号学专著中看到，在谈及法国符号学走过的路径时，都会说法国符号学在漫长的发展时间内，走过的基本上是"索绪尔—叶姆斯列夫—格雷马斯"这一路径。也就是说是依据索绪尔、叶姆斯列夫和格雷马斯的以结构语言学理论为基础的相关学说建立起来的，有时人们也简单地说就是"索绪尔传统"。下面，我们就来看一下这三位学者的符号学思想对于法国符号学发展的影响。

2 索绪尔的符号学思想及传播

　　毫无疑问，法国符号学起源于索绪尔的结构语言学理论，与其同时出现和伴随其发展的结构主义也是依据这一理论，有时人们也经常把两者等同看待。

13

2.1 索绪尔有关符号学的论述

索绪尔的语言学理论对于法国符号学的产生与发展是奠基性的、决定性的。索绪尔从语言这一特定对象出发对于语言符号和符号学做了确定，大家都已经比较熟知。他在这部书中给符号学下的定义是："我们可以设想有一门研究社会生活中符号生命的科学；它将构成社会心理学的一部分……我们管它叫符号学（sémiologie）。"（索绪尔，1982：38）遂认为"语言的问题，主要是符号学的问题"（索绪尔，1982：39）。此外，他根据二元对立原则，为我们建立了多个相互对立且相互依存的连对，从而基本上为我们提供了属于符号及其系统的轮廓。这些连对如下。

（1）索绪尔将言语活动（langage）分为"语言"与"言语"，并认为前者是社会的，后者是个人的；索绪尔在书中为言语活动、语言和言语给出的关系式（见图1）。

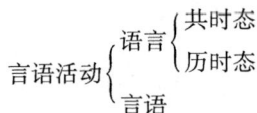

$$言语活动\begin{cases}语言\begin{cases}共时态\\历时态\end{cases}\\言语\end{cases}$$

图1 （索绪尔，1982：142）

需要说明的一点是：在法语或法语语言学中，"语言"（langue）这一概念是19世纪中叶才与"言语活动"分开，来指言语活动中那些带有社会性质的、规则性的、相对固定的东西，而在此之前它们是同义词，可以混同使用。这种分开，对于认识语言的性质和内在机制是有用的，但在欧洲甚至世界一定范围内的语言背景之下，却出现了术语上的理解和使用麻烦，因为多数语言不做这种区分。

（2）语言符号是"音响形象"（即"能指"）与"概念"（即"所指"）的结合，缺一不可，不过，他又说："我们把概念和音响形象的结合叫作符号，但是在日常使用中，这个术语一般只指声音形象……让感觉部分的观念包含了整体的观念。"（索绪尔，1982：102；重点号是笔者加的）指出这一点是重要的，因为这样的认识，正是后来结构主义运动和初期符号学的主要依据。

（3）语言的基本组织结构是纵向的"聚合关系"与横向的"组合关系"，而正是依据这样的组织结构，"一种语言就构成一个系统"（索绪尔，1982：107）。

（4）"形式"与"实质"，索绪尔对于这两个概念的阐述，颠覆了人类以往的认知。在西方传统哲学思想中，"实质"对立于"偶性"（accident）。后者是一种外在表现；实质指在一个有可能变化的主题中那种稳定不变的东西。亚里士多德就将实质看成生命存在的内在原因。索绪尔说，语言是在观念与声音的结合边缘地区进行工作的，"这种结合产生的是形式（forme），而不是实质（substance）"（索绪尔，1982：158）。这样一来，"形式"就是内在的，而实质则是外在物质表现了。需要说明的一点是，《普通语言学教程》在后来的多个译本中，其"substance"一词被翻译成了"实体"，但在符号学术语中，"实体"（entité）是类似于"单位"（unité）或"单体"（grandeur）那样的符号学存在，两者是不同的。

（5）"共时语言学"与"历时语言学"的划分，也是很重要的。因为索绪尔认为语言学的研究对象在当时就是"共时语言"，并认为"共时语言学研究同一个集体意识感觉到的各项同时存在并构成系统的要素间逻辑关系和心理关系"（索绪尔，1982：143）。

我们可以说，索绪尔所明确的这些内容，基本上就是在第一个大阶段内法国结构主义和符号学初期的探索范围。在这一时期内，根据当时的重要语言学家、同时也是符号学研究者乔治·穆南（Mounin G.，1910—1993）的总结，依据索绪尔的理论大体形成了两种符号学研究方向：一种是传播符号学（或交际符号学）；另一种是意指符号学，但以前者为主要方面。

2.2 传播符号学（或交际符号学）（sémiologie de communication）和意指符号学（sémiologie de signification）

（1）为什么会形成传播符号学（或交际符号学）呢？笔者的理解是，索绪尔符号学理论中对于语言符号的确定是"在日常使用中，这个术语一般只指声音形象……让感觉部分的观念包含了整体的观念"所产生的方向性指引带来的结果。索绪尔之后的一些语言学家据此构建了一种坚实的符号学系统，该系统"首先描述所有非语言传播系统的功能，从张贴告示到交通规则，从汽车的编码或旅馆房间号码到借助于旗语建立的国际海洋符号编码"（G. Mounin，1970：11）。乔治·穆南将这种符号学说成是"有关借助信号、符号或象征而形成的所有交际系统的一般科学"（G. Mounin，1970：7）。法国学者吉罗（Giraud P.，1912—1983）在法国大学出版社（PUF）出版的《符号学概论》（La sémiologie，1983）中说："符号学（sémiologie）是研究符号系统（语言、编码、信号等）的科学。"（吉罗，1988：1）他将这一门科学也概括为"传播符号学"。在他看来，根据索绪尔在其《普通语言学教程》中的观点，符号学"将是有关所有符号（象征）系统的普通科学，借助于这些系统人类在相互之间进行交流（传播）。而被援引的例证（文字、聋哑人的盲文、军队或海军的信号）都是显性的"（吉罗，1988：11）、独立的存在实体。在后来的巴黎符号学派看来，传播符号学涉及的是从"发送者"到"接收者"之间建立在"懂得"（savoir）模态基础上的言语活动，"它只涉及词语（符号）方面的交际"（格雷马斯 & 库尔泰斯，2020：42）。也许，就是由于这种理解所形成的习惯，在这个时期，人们甚至学界把符号学简单地理解为对于"能指"的研究，也因此把索绪尔原本图式中"所指"在上、"能指"在下的关系，理解成了"能指"在上、"所指"在下的扭曲情况。以至于学界把雅克·拉康（Jacques Lacan，1901—1981）在其结构精神分析学研究中把"所指"写在上面、"能指"放在下面看作是对于索绪尔结构理论的一种全新理解。其实，拉康使用的图式就是索绪尔书中原本出现的情况（见图2）。

图2 （索绪尔，1982：160）

（2）意指符号学。在多数学者更多地关注符号的传播功能的同时，也"微微显露出"一种"意指符号学"，只是"显露"而已，并且被认为它是"传播符号学"中的一个部分。这便是列维-斯特劳斯（Lévi-Strauss C.，1908—2009）和巴尔特（Barthes R.，1915—1980）的符号学研究。列维-斯特劳斯对于符号意指的初步探索，主要见于他对于巴西土著民族的亲属关系的确定："亲属关系术语，是一些意指要素……它们只能在进入一种系统时才获得这种意指。"（Lévi-Strauss，1958：40）又说："亲属关系系统是一种言语活动。"（Lévi-Strauss，1958：58）巴尔特对于"意指"的探讨主要见于他对于"二级符号"的论述（Barthes R.，*OCII*，2002：671—872）和对于普罗普的建立在意义连接基础之上的"功能"学说的使用（Barthes R.，*OCII*，2002：828—865）。虽然他们对于意指的探索只是"微微的显露"，但这种探索对于格雷马斯还是很有启发的。不过，需要说明的是，他们还是没有脱离总体上属于符号系统的符号学，巴尔特的《时尚的系统》（*Système de la mode*，1967）就是一个很说明问题的例证。

2.3 雅各布森的作用

在传播索绪尔结构语言学理论和推动结构主义运动方面，美籍俄裔语言学家罗曼·雅各布森（Jakobson R.，1896—1982）的积极作为，对于法国符号学的发展起到了极大的"启动"作用。根据资料，雅各布森是从其朋友特鲁别茨柯依（Trubetzkoy N.，1890—1938）亲王那里学习到了索绪尔结构语言学理论的，后者很可能就是在日内瓦大学听过索绪尔《普通语言学教程》的两位俄罗斯留学生之一。雅各布森除了为结构语言学作出的贡献（语言的六种功能、音位系统、隐喻与换喻等）之外，他还于20世纪40年代中期在美国纽约的高等研究院认识了同为有犹太血统的避难人列维-斯特劳斯。两个人遂成了好朋友，并互相听取对方开设的课程。列维-斯特劳斯接受了雅各布森向他传授的结构语言学理论，两个人还共同采用结构方法分析了法国诗人波德莱尔的《猫》。从此，列维-斯特劳斯走上了"结构人类学"的研究道路。雅各布森于1950年到了巴黎，结识了雅克·拉康，也使后者于1953年转向采用结构语言学方法"重返弗洛伊德"，提出了著名的"无意识就像言语活动那样运行着"的论断；罗兰·巴尔特通过其好友格雷马斯的推荐早在埃及亚历山大时就曾阅读了一些语言学著作，后来又对雅各布森的著述产生了浓厚兴趣，也发表过赞扬雅各布森的文章。在列维-斯特劳斯、拉康和巴尔特的带动之下，法国结构主义出现了。因此，人们便把雅各布森称为法国结构主义的"总指挥"。

2.4 关于法国结构主义的终结

我们前面说过，结构主义与初期的符号学探索曾经是同步、同一的，其共同点便是依据索绪尔的结构语言学理论和以"外显的""符号系统"为研究对象，后来人们将这种研究归为对于"不连续性"（discontinuté）的研究。他们于 20 世纪 60 年代中后期达到了顶峰。但是，结构主义到了 20 世纪 60 年代后期开始走入下坡路，其原因概括地说有两个。一是结构主义运动出现了多方向的发展，不少脱离了结构语言学的基础，托多罗夫和热奈特的叙述学（narratologie）宣布不考虑任何语言学理论和模式，而只致力于文本"词语表现"（manifestation des mots）方面的文本修辞学研究，并获得了特殊的发展；克里斯蒂娃将精神分析学引入她的"符义分析"（sémanalyse）符号学方面；格雷马斯则不再考虑符号而直接从意指入手并以"sémiotique"为符号学名称，成为"最具科学性的"一支；还有德里达的"解构论"（déconstruction）为人们带来对于"结构"的重新认识（在法国被称为"超结构主义"）；等等。二是由于 1968 年的"五月运动"带来的冲击。因为结构主义所标榜的"语言"是"社会的"，并与"社会制度"等政治观念划成了等号，而当年由左翼知识分子发起的"五月运动"就是要反对资本垄断的社会制度，所以，结构主义便成了这一运动的批判对象。其中有一句话流传，即当一部分学生激罗兰·巴尔特上街与他们一起游行时，巴尔特则以"结构不上街"来应对。在此之后，结构主义便不再被整个知识界所唱响，但还是延续到这一运动除了列维-斯特劳斯之外的几位并无语言学基础的先驱人物相继辞世之后的 20 世纪 80 年代，而借助和坚持语言"结构"概念和理论探索的语言学家——以格雷马斯为代表——进行的符号学研究，在经历一段犹豫之后坚持了下来，并逐步取得了重大突破，形成了巨大声势。

2.5 关于 sémiologie 的译名

对于该词的译名，我曾长时间使用高名凯先生在汉译《普通语言学教程》中的译名——符号学。后来，《结构主义史》一书的作者多斯（F. Dosse）将其称为"结构符号学"，笔者也曾采用了他的定名，以区别于巴黎符号学派采用的被我称之为"巴黎符号学派符号学"（sémiotique）的名称。但是，随着人们认识的不断深入，特别是在为巴黎符号学派的创始人格雷马斯（1917—1992）诞辰 100 周年举办的国际研讨会上，以格雷马斯的亲授弟子雅克·丰塔尼耶（Jacques Fontanille）先生为首的巴黎符号学派重要成员，为那次会议确定的名称是"今日格雷马斯：结构的未来"，从而有意地模糊了

"sémiologie"与"sémiotique"两者之间的区别，并且在法国符号学学会为这一次会议所发的公告中出现了这样的文字："近几年来，围绕着结构主义的庆祝活动多了起来：这一智力运动曾经在 1960—1980 年得到发展，而在被埋没了四分之一世纪之后的今天，它享受到了进入观念史的荣誉。"那么，如何来看待格雷马斯在这一运动中的作用呢？公告说："直到现在，格雷马斯还没有在大众媒体上享受到同样的声誉。不过，他在其对于意指的分析中，最为一贯地体现了结构主义的原则与方法"①。这样的说法，就将法国符号学的前期用名与巴黎符号学派的用名放在一条连接线上，同时也为较长时间不再提及的结构主义正了名。这样一来，就必须为两个符号学名称换一换汉语的译名。我国已经有学者将"sémiologie"称为"符号论"，我认为是有道理的。为此，我根据《普通语言学教程》中不下十次地称呼语言学作为符号学是一种"系统"的论述，例如："语言是一种表达观念的符号系统"（索绪尔，1982：37）、"语言是一个系统"（索绪尔，1982：46）、"一种语言就构成一个系统"（索绪尔，1982：107）、"像语言这样的符号系统"（索绪尔，1982：156）等。对"sémiologie"逐步形成了"系统论符号学"的认识，加之丰塔尼耶先生在《话语符号学》（*sémiotique du discours*）一书中也多次提及索绪尔的符号学是有关"系统"的符号学，说它以"建立符号及符号系统的类型学为己任"（Fontanille，2016：19），这就更强化了我的这种认识，因此，我觉得今后将这种符号学称为"系统论符号学"比较合适。

3 叶姆斯列夫的贡献

叶姆斯列夫（Hjelmslev L.，1899—1965）对于索绪尔语言学理论的阐述和他创立的语符学（glossématique）理论，似乎并不太为我们国内学界所熟知。可是，对于法国符号学在索绪尔之后的发展，特别是对于巴黎符号学派的形成与发展，叶姆斯列夫的理论起到了关键性的作用，并成为巴黎符号学派理论建构链上的重要一环。可见，叶姆斯列夫的理论对于格雷马斯的影响之大。概括说来，叶姆斯列夫对于语言学理论的主要贡献可以归纳如下。

3.1　对于索绪尔语言学理论的推进

他 1943 年出版的《言语活动理论导论》（实际上是与 Udall 共同完成的），完全以其个人的认识与方式重述了索绪尔研究过的大部分论题，而且某些重述则是对于很晚才发现的索绪尔部分手稿内容的回应。不过，有些重述，无疑是对于索绪尔思想的进一步推演与突破。叶姆斯列夫沿用索绪尔"语言是一种符号系统"的论述，指出与这种"系统"概念相对应的则是"实施"（exécution）和"使用"（usage），即叶姆斯列夫后

---

① 见法国符号学学会网站：http：//afsemio.fr/greimas-aujourdhui-lavenir-de-la-structure/，2017。

来归一为"过程"（procès）的概念，它是通过应用各种功能来实现的。叶姆斯列夫在1947 年于伦敦大学执教时写的、后来作为最后一部分被加到法文版《言语活动理论导论》中的《言语活动的基本结构》（*La structure fondamentale du langage*）一文，首次提到了"系统"与"过程"的划分："我现在来谈……两个新的不同的方面，人们将其称为过程与系统。我把这两个方面叫作言语活动的两个轴：在任何言语活动和任何相似结构中，有一个过程轴——用一条向右延伸的横向线来表示是恰当的，还有一条系统轴——我们可以用一条与前者相切的纵向线来表示……在接受言语活动具有一个系统的情况下，我们不应该忘记，可直接观察到的东西不是系统，而是过程，或者有必要说明，当涉及语言的时候，这便是文本。因此，在语言的情况下，过程即文本就是我们应该分析的对象。分析将依靠把文本分离成其构成成分来进行；文本的每一个构成成分，不论长短，都将被叫作语链（chaîne）。"（Hjelmslev, 1971：191）由此，叶姆斯列夫建立了"系统"与"过程"的连对，而这一连对正好与索绪尔的"聚合关系"与"组合关系"概念相重合。这无疑是对索绪尔"语言"与"言语"的连对、"共时性"与"历时性"的连对的推进，而这种推进所带来的结果则是对于分析对象的明确和分析的可操作性。其实，他早在 1939 年就提出了"分析的对象当然是文本"（Hjelmslev, 1985：77）的主张。格雷马斯曾对叶姆斯列夫的"文本"概念做过明确概括："叶姆斯列夫使用文本一词来指一种语言链的整体，这种整体因系统的能产性而成为无限的。"（格雷马斯 & 库尔泰斯，2020：390）这就说明，叶姆斯列夫的"文本"概念已经是一种动态概念，后来人们把这样的文本看作与"动态中的话语"是同义词，应该就是源自叶姆斯列夫的观念。可以说，是叶姆斯列夫首先提出了"文本分析"的概念。由于文本是由"言语"发展而成的或者它就是言语的表现形式，所以，叶姆斯列夫的文本分析已经属于"言语的语言学"。那么，如何来分析一个文本呢？在这一点上，叶姆斯列夫走出了关键的一步，那就是将索绪尔的"能指"转换为"表达平面"，将"所指"转换为"内容平面"，而分析文本就是依据文本的这两个平面。叶姆斯列夫进而将这两个平面与密切相关的"实质"和"形式"概念结合了起来。在叶姆斯列夫那里，实质被确定为不进入结构系统的所有东西，而语符学的目的就是具体展现语言学形式与实质之间的关系。这与索绪尔把语言学的研究对象局限于作为形式的"语言"相比，显然是一种突破。叶姆斯列夫曾经花费多年时间来研究"实质"与"形式"，并在与"内容平面"和"表达平面"相结合的情况下最终形成了一整套关于语言的理论构架，即建立起一种严密的、相互确定的元语言。我们顺便指出，叶姆斯列夫有关"实质"与"形式"之间的关系，较之索绪尔的论述深入了许多：在叶姆斯列夫看来，"形式"独立于"实质"，但后者却不能独立于前者；一种语言形式可以不被一种语言实质表现出来，但是，一种语言实质必然表现一种语言形式。他的结论是："实质仅仅取决于形式，人们在任何情况下都不能赋予它独立的存在方式。"（Hjelmslev, 1971：68）

3.2 对于"内容"与"实质"关系的论述

叶姆斯列夫认为,"内容与表达完全是根据相同原理组织起来的,它们有着完全相同的功能,并包含着可能相同的范畴"(Hjelmslev,1985:8)。根据这种观念来看待语言符号,"符号既是内容实质的符号,也是表达实质的符号……符号这个词将指由意蕴功能所决定的那种单位,并包括内容之形式与表达之形式"(Hjelmslev,1985:183—184)。于是,表达平面和内容平面,便与形式和实质建立起了关系。叶姆斯列夫将这两个范畴中的四个术语写成了三个连对:内容之实质和内容之形式,内容之形式与表达之形式,表达之形式与内容之实质。他也把这三个连对称作三个层次,指出内容之实质、表达之形式、表达之实质之间存在着一种类比关系,并认定这种类比关系每一次都源自表现的各种关系:表达之实质表现表达之形式、内容之实质表现内容之形式,最后是内容之形式与表达之形式之间的关系。对于这最后一层关系,"这一次,是一种可逆的关系:人们更习惯于在'表达之形式表现内容之形式'这样的意义中考虑表现关系"(埃诺,2005:65—66)。在叶姆斯列夫看来,这三个连对就构成了文本表现的等级化或层级化。他还告诉我们,表达对立于内容比形式对立于实质意义更为重大,因为前者通过多种因素决定着后者。在所有这些关系中,对于巴黎符号学派的理论与实践最具指导作用的,是文本具有实质层次表现特征和"内容之形式"两个方面,我们后面再说。

4 本维尼斯特的贡献

在叶姆斯列夫之后,并且也是继承了索绪尔和叶姆斯列夫语言学理论的,是法国著名语言学家本维尼斯特(Benveniste É.,1902—1972)。有的法国学者把本维尼斯特与叶姆斯列夫排列在一起,共同构成法国符号学发展链的中间一环。阅读他的著作,明显让人感觉到,他不再强调"语言"与"言语"的划分,而是将它们均纳入"言语活动"这一统称之中。他有关"主体性"和"陈述活动"的论述,从20世纪70年代中期开始已经成为巴黎符号学派对于"文本"或"动态中的话语"(discours en acte)(Fontanille J.,2016:4)进行分析的重要理论参照。

4.1 关于"主体"的论述

言语活动是交流的工具。但是,从索绪尔到叶姆斯列夫,他们都没有对于交流活动的主体投入更多的注意。而在他们理论的影响之下,于20世纪50年代兴起的法国结构主义则把谈论"主体"和"主体性"看作大忌,巴尔特后来甚至宣布作为主体之一的"作者的死亡"(Barthes R.,*OCIII*,2002:40)。正是在这个时期,本维尼斯特发表了《论言语活动中的主体性》(*De la subjectivité dans le langage*)(1958)一文。该文首先论证了言语活动与"说话主体"之间的关系,并告诉人们,主体性不能脱离言语活动,同时"言语活动之所以成为可能,正是因为每一个说话人都自立为主体"(Benveniste

Ē., 1966：260）。他继续说道："'主体性'在言语活动中的建立，在言语活动之中并且——我们认为——也在言语活动之外，创设出人称的范畴。"（Benveniste Ē., 1966：263）而在较早的《语言结构与社会结构》（*Structure de la langue et structure de la société*）（1970）一文中，他认为"语言工具确保了话语的主体性和指涉性两种运作：这便是在任何语言、任何社会或任何时代都表现出我与非—我之间必不可少的区分"（Benveniste Ē., 1976：99）。该文论述了"我—你"和"他"（"它"）之间的对立关系，指出两者之间是"人称与非—人称之间的对立"。这些论述，都在之后的学者们那里得到了继承与发扬。

4.2 关于"陈述活动"的论述

本维尼斯特有关"陈述活动"（énonciation）的论述，是与他的"主体性"观念分不开的。而对于这种行为的研究，主要可以在三个方面来进行。第一，借助于"语言的声音之实现"，因为发送的和感知的声音总是源于个体的行为。不过，即便是同一主体，也不会产生完全相同的声音，同一性也只能是近似的，这是由于产生陈述活动的情景的多样性所致。第二，陈述活动产生的机制，则是以个体将语言转换成话语为前提，这便涉及如何理解"意义"形成"单词"、如何在这两个概念之间做出区分和如何描述它们之间相互作用的问题。这个问题尚缺少研究而且很难研究。可见，陈述活动仍然脱离不开语言的语义过程，而这种语义过程又涉及有关符号的理论和有关意指活动（signifiance）的分析。这里，顺便说明一下"意指活动"一词的来源和使用：该词首先被用于精神分析学，是拉康常用的术语，指符号在使用中可能出现的多种意义，但不指最后确定的意义，在巴黎符号学派的术语中已经不大使用；"signification"指的是"意指过程"或其结果"意指"，在一般意义中与"涵义""意义"相同，巴黎符号学派多采用这个术语。第三，是根据陈述活动的形式范围来确定陈述活动。对于这第三点，本维尼斯特用了大量篇幅给予了阐述。他坚持在语言内部和根据陈述活动所显示的个体表现来概述陈述活动的形式特征。这些特征有些是必要的和常在的，有些是偶然的和与所选择的习惯语的特殊性相联系的。在陈述活动中，"我们将依次考察陈述活动的行为本身，这一行为实现的情境，以及完成这一行为所借助的工具……人们使用语言所借助的个体行为首先引出了说话者，作为陈述活动的必要条件中的一个参数"（Benveniste Ē., 1976：82）。这显然是说陈述活动具有交流功能，并且"主体"概念也在扩大。他明确指出作为个体的实现过程："陈述活动可被定义为将语言占为己有（appropriation）的一个过程。说话者把语言的形式配置占为己有，通过一些特定的标志并借助某些辅助手段，来陈述自己作为说话者的立场。但是，一旦他标明自己为说话者，并承担起语言，他立刻就在自己对面树立了一个他者，不管其授予这个他者的在场程度如何。任何陈述活动都是一次明显或隐含的交谈，它预设了一个受话者。"（Benveeniste Ē., 1976：82）

显然，这里出现的"说话者"和"受话者"，就是后来巴黎符号学派称为"陈述发送者"和"陈述接收者"的两种"行为者"（actant）。也有译者将这个术语译为"行动元"或"题元"。

4.3 关于"模态"的论述

与本维尼斯特的主体性和陈述活动理论有直接联系的，则是其有关"模态"（modalités）的论述。法国语言学对于"模态"的研究由来已久，传统上将其理解为"改变一个陈述之谓语的东西"（格雷马斯 & 库尔泰斯，2020：230）。这自然首先让人想到修饰动词的各种"副词"，但这只是一个方面。在法语和许多西方语言中，有一类动词叫"助动词"。在法语中，除了表明动词时间性的相关助动词之外，还有一些助动词被称为"半—助动词"。它们直接与现代的"模态"概念有关，甚至就被称为"模态动词"。我们似乎可以说，本维尼斯特是对于这类"模态动词"进行研究的先驱。他的研究成果最早见于他 1965 年发表、后收入《普通语言学问题》第二卷（1976）中的《助动词关系之结构》（*Structure des relations d'auxiliarité*）一文。他首先把"模态"定义为"对于某种关系之陈述的一种补充性肯定"（Benveniste É.，1976：187）。他认为，作为逻辑范畴，模态包含着"可能性"、"不可能性"和"必然性"。他指出："有关模态的语言学范畴首先包括'pouvoir'（能够）和'devoir'（应该，必须）两个动词。此外，语言通过相同的助动词结构已经将模态功能扩展到了其他动词的部分使用之中，主要有：aller（作为半助动词，表示'即将'之意）、vouloir（想要）、falloir（需要，应该）、désirer（意欲）、espérer（希望）。"（Benveniste É.，1976：188）这些动词，基本上等同于我们汉语中的"能愿动词"。他继续分析道，在"过分模态化"的情况下，还应该考虑动词"croire"（认为，相信）。可以说，本维尼斯特的这些论述为格雷马斯建立"模态理论"提供了基础。

5 格雷马斯和巴黎符号学派的贡献

格雷马斯的符号学理论不是凭空出现的，而是对于上述几位先行者们的理论的继承与拓展。

（1）我们先对格雷马斯于 1954 年发表的《索绪尔主义的现状》（*L'actualité du saus-surisme*）一文中的观点做些介绍。格雷马斯高度评价了索绪尔在《普通语言学教程》中体现的革新思想，说"索绪尔的思想超出了语言学的范围，现在已经被有关人类的全部科学的普遍认识论所接受和使用"；又说"请相信我们，索绪尔贡献的新颖性存在于他将自己的世界观转换成一种语言学认识和方法论这一点上，而这种世界观就在于把世界理解为一种广泛的关系网，俨然诸多载有着意义、同时自身带着自己意指形式的一种建筑术"，"正是从具有双面存在状态、被构想为'一种形式而非一种实质'的

'语言'观念的与'所指'不可脱离的'能指'的语言学概念出发，语言学过渡到其他人文科学，索绪尔主义方法论的推广才得以进行，而且也正是从这一点开始，索绪尔关于世界是被结构的、是可以在其意指当中被理解的设定才得以肯定"（Greimas A. J.，2002：372）。他遂又写到："索绪尔在语言与言语之间做出了著名区分带有着某种认识论价值，这种区分设定，与在时长上无限地铺陈的言语相对应的，是一种先前的、唯一可以使叶姆斯列夫以更为普遍性的术语提出的交际成为可能的语言学系统，而叶姆斯列夫很早就提出，任何'过程'都支撑着一种'系统'并且总是以此为前提。"（Greimas A. J.，2002：374）

（2）在索绪尔之后，对于格雷马斯影响最大的显然是叶姆斯列夫。法国著名符号学家安娜·埃诺（Hénault A.）说："在格雷马斯于 1958 年将叶姆斯列夫的被翻译成英文的《言语活动理论导论》带到亚历山大之前，他已经完成了他的《结构语义学》第一稿。阅读《言语活动理论导论》一书所带来的冲击波，使他立即毁掉了自己大约 200 页纸的手稿。"（埃诺，1992：102）我们现在无法知道格雷马斯最初手稿的具体内容，但其后来出版的《结构语义学》开篇就探讨"语义"和语义连接方式即意指，让我们想到他可能放弃了论述"符号系统"的常规，而踏入一个崭新的研究途径。对于叶姆斯列夫有关"形式"与"实质"的论述，格雷马斯在《结构语义学》中以如下的表述对其做了进一步肯定："内容实质不应被视为一种语言外的即心理的或物理的现实……形式与实质同样是有意蕴的。"（Greimas A. J.，1956：26）更需要指出的是，叶姆斯列夫将自己的"实质"概念之外延明确地划定为"语音、字体和语义"（Hjelmslev L.，1985：68），这对于我们把握这一概念和在"表达平面"与"内容平面"中正确区分"形式"与"实质"至关重要。叶姆斯列夫的层次概念使巴黎符号学派探讨文本的层级结构具备了理论依据，"内容之形式"概念的确立使符号学研究从意指入手在各个层次上来探知这种意指赖以产生的形式（结构）成为可能。因为巴黎符号学派的"符号学计划就在于制定有关意指系统的一般理论"（Coquet C.，1982），而巴黎符号学派最终在这些方面为符号学自立地位的确立作出了历史性贡献。

（3）而对于本维尼斯特，格雷马斯指出："我们把第一次将陈述活动表述为索绪尔语言概念中的'话语建立'（mise en discours）阶段的功劳，归于本维尼斯特。"与格雷马斯共同撰写《符号学：言语活动理论的系统思考词典》一书的库尔泰斯（Courtés J.）在《话语的符号学分析——从陈述语段到陈述活动》（*Analyse sémiotique du discours. De l'énoncé à l'énonciation*）（1991）专著中也说："……陈述活动就像是'语言'的'话语建立'（本维尼斯特），并由此引起主体间交流的全部基本问题。"（Courtés J.，1991：11）本维尼斯特关于"陈述活动"的相关论述，无疑为巴黎符号学派将话语或文本分析作为其符号学分析的对象和把"语境"作为重要参照要素提供了理论依据，并且在后来的研究中得到了拓展。由本维尼斯特最先提出的"模态"概念也对格雷马斯的"模态理论"的建立奠定了基础。他提出的模态动词中已经包括了格雷马斯后来深入阐述的

"能够""应该""想要""认为"四个动词，唯一没有加进去的是动词"savoir"（懂得）。"模态理论"是格雷马斯从20世纪70年代中期开始倾注大量心血研究和建立起来的理论系统，它涉及以"应该"为谓语来主导状态陈述的"真势模态"（modalité aléthique）、同样以"应该"为谓语来主导作为陈述的"道义模态"（modalité déontique）、以一个状态陈述来主导另一个状态陈述的"诚信模态"（modalité véridictoire）以及位于陈述接收者一侧的"认识论模态"（modalité épistémique）等。他还为各种模态建立了初步的"模态存在方式"，即"潜在性""现时性""实现性"。模态理论是巴黎符号学派理论体系的重要组成部分，它直接联系着后来有关激情符号学（sémiotique des passions）和张力符号学（sémiotique tensive）的探讨。而这一切，我们似乎可以说，与本维尼斯特的开拓性研究有着直接的联系。

当然，格雷马斯和其弟子们对于建立在语言学基础上的符号学研究已形成了系统的认识。在对待索绪尔符号学理论中关于能指与所指的认识上，丰塔尼耶做了这样的概括："感知与意指之间的关系：意指是依据我们的感知而出现的，我们对于'外部'世界的感知和其物理及生理形式的感知产生能指；我们对于诸如概念、情感、感觉和印象的'内部'感知构成所指。"（Fontanille J.，2016：29）

在做这种理解之后，他们把语言符号的能指看成是"自然事物"，把所指看成是"社会理解"，而将两者结合在一起的便是"主体"；他们把"表达平面"看作是"外感"部分，把"内容"看作是"内感"部分，那么"主体"自然承担着"自感"部分，并由此推向激情与张力等概念。可以说，这样的认知构成了巴黎符号学派的认识论基础。这种基础在格雷马斯去世之后进一步得到了充分的和多方向的研究。

（4）巴黎符号学派的研究特征。一是不再研究"符号"，而是认为符号是一种已经被建构的对象，即一种可观察的对象，因此巴黎符号学派研究"连续性"（continuité），亦即"文本"或"动态中的话语"（discours en acte）。格雷马斯在《符号学：言语活动理论的系统思考词典》一书中说："对于言语活动的研究属于符号学（sémiotique）。"（格雷马斯 & 库尔泰斯，2020：181）但是，研究"言语活动"就不再与研究符号及其系统有关系吗？其实不然。在此，我们依然援引上面已经出现过的索绪尔的一个图示来作进一步的说明（见图3）。

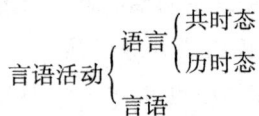

$$\text{言语活动}\begin{cases}\text{语言}\begin{cases}\text{共时态}\\\text{历时态}\end{cases}\\\text{言语}\end{cases}$$

图3　（索绪尔，1982：142）

我们从中可以看出，一是由于巴黎符号学派的研究是言语活动，而言语活动也包括系统论符号学所研究的语言，那么，叙述论符号学自然也就包含对于系统论符号学的研究内容，这也就为两种符号学的研究最终实现"归一"提供了理论支持；二是巴黎符号学派的研究集中于文本或话语的"内容之形式"，或"承载着意义的结构形式"（库尔泰斯语）；三是其范围极为广阔，几乎不存在不可研究的领域——文学、神话、圣经、社会科学，现在也包含对于生态、感知、认知、张力的研究，用丰塔尼耶在其《话语符号学》中的话来概括今日法国符号学的研究现状似乎是很恰当的："有关言语活动的科学在今天发展的环境完全不同了：结构变成了动态的，各种系统均'自动组织了起来'，各种形式均被记入了一些'类型'，不管人们高兴与否，认知研究取代了严格意义上的结构主义"（Fontanille J.，2016：10）；四是巴黎学符号学派的符号学研究现在已是法国符号学研究的主流，其符号学名称"sémiotique"已经取代"sémiologie"而成为法国符号学的统称。

（5）对于"sémiotique"的译名。由于巴黎符号学派的研究从一开始就致力于建立"叙述语法"，而且笔者也见过有的学者直接称作"叙述符号学"。所以，前不久我便将"巴黎符号学派符号学"的译名改为"叙述论符号学"，并写进了前不久发出的一篇文章之中。这样一来，由于"叙述论符号学"也是"结构的"，那么为"系统论符号学"和"叙述论符号学"两者之上再冠以"结构论符号学"之名，作为两者的"上位词"，也就无可非议、顺理成章了。也就是说，"系统论符号学"也可以被称为"结构论符号学"。我把这一想法与丰塔尼耶先生做了沟通，他说就是这样的。今天，我们有幸邀请到丰塔尼耶先生参加本次会议，他的发言题目是"1992—2022：结构论符号学30年的变革与坚持"，其实就是指"叙述论符号学"在格雷马斯去世之后30年来的发展和人们的最新认识。

6 结语

以上介绍，是对法国符号学有着浓厚兴趣的一位中国译者和研究者对于法国符号学发展的初步认识，有着很大的局限性，认识深度也不够。但笔者有一种强烈的愿望，那就是采取鲁迅先生提倡的"拿来主义"态度，将其介绍到我国，使之成为我们开展中国符号学研究的参照。我们也可以学习王力先生很早就主张的"西学东渐"的方法，将法国符号学中可适用于我国情况的内容"拿过来"，尝试与我国文化实现结合。在这种想法促使之下，笔者曾与南开大学法语系的一位青年语言学博士合作，写了一篇探讨法语"模态动词"的概念在汉语中可能出现的情况，题目是《论汉语"会"的符号学模态动词解义》。我们的研究发现，法语中的"savoir"（懂得）这个模态动词与我们汉语中的"会"字，有一定程度的共同点，但也有不同之处，也就是法语中的这个模态动词并不完全等于我们汉语中的"会"字。该文章获得了2021年天津市语言学会二等奖，得到一定的肯定。可见，不同文化之间的相互比较和借鉴是有益的，而且非常有助于对各自文化的认知。

参考文献

［ 1 ］格雷马斯，库尔泰斯．符号学：言语活动理论的系统思考词典［M］．怀宇，译．天津：百花文艺出版社，2020.

［ 2 ］埃诺．符号学简史［M］．怀宇，译．天津：百花文艺出版社，2005.

［ 3 ］吉罗．符号学概论［M］．怀宇，译．成都：四川人民出版社，1988.

［ 4 ］索绪尔．普通语言学教程［M］．高明凯，译．北京：商务印书馆，1982.

［ 5 ］Barthes, R. *OCII*, 1962—1967［M］. Paris：Seuil, 2002.

［ 6 ］Barthes, R. *OCIII*, 1968—1971［M］. Paris：Seuil, 2002.

［ 7 ］Benveniste, É. *Problème de linguistique généréle*, 1［M］. Paris：Gallimard, 1966.

［ 8 ］Benveniste, É. *Problème de linguistique généréle*, 2［M］. Paris：Gallimard, 1976.

［ 9 ］Coquet, C. *Sémiotique：l'École de Paris*［M］. Paris：Larousse, 1982.

［10］Courtés, J. *Analyse sémiotique du discours：de l'énoncé à l'énonciation*［M］. Paris：Hachette, 1991.

［11］Fontanille, J. *Smiotique du discours*［M］. Limoges：PULIM, 2016.

［12］Greimas, A. J. *La mode en* 1830［M］. Paris：PUF, 2002.

［13］Hjelmslev, L. *Prolégomènes à une théorie du langage*［M］. Paris：Les Éditions de minuit, 1971.

［14］Hjelmslev, L. *Nouveaux essais*［M］. Paris：PUF, 1985.

［15］Lévi-Strauss. *Anthropologie strcturale*, 1［M］. Paris：Plon, 1958.

［16］Mounin, G. *Introduction à la sémiologie*［M］. Paris：Les Editions de minuit, 1970.

French structural semiotics：from system theory to narrative theory

Zhang Zhiting

(Nankai University, Tianjin Foreign Studies University)

Abstract： This article introduces systematically French semiotics from its rise in the late 1950s, at different stages of its development, its main theories and its different names translated in Chinese. This paper also introduces the contributions of several linguists to the development of French semiotics, with the aim of helping readers have a more comprehensive understanding of French semiotics.

Keywords： semiology；semiotics；structural semiotics；expression plane；content plane

作者简介

张智庭，笔名怀宇，南开大学外国语学院法语教授，天津外国语大学语言符号传播应用研究中心专职研究员。主要研究方向：符号学研究和翻译。

抗疫中战争隐喻的符号叙述学特征

王 军

摘 要：概念隐喻通常是认知语言学研究的话题，作为概念隐喻三大类别之一的"结构隐喻"（structural metaphor），在某些情况下会包含时间性，具有一定的情节，并涉及叙述者，因此可以作为一种特殊的符号叙述文本纳入符号叙述学的框架内进行考察。本研究基于赵毅衡（2013）提出的广义符号叙述学的一些基本要素，包括文本性质、叙述者、二次叙述化、底本与述本、时间向度和情节，对重大疾病过程中人们所普遍使用的战争隐喻架构进行分析，旨在揭示这种特殊的符号叙述文本的意义表达机制。

关键词：符号叙述学 战争隐喻 重大疾病

1 序言

"人类社会的历史可以看作一个大局面文本，而且是充满动人故事、丰沛情节与细节的叙述文本。"（唐小林，2020：195）在这个波澜壮阔的叙述文本中，人们以各种各样的方式在讲述故事。这些讲故事的方式可以是语言的，如小说、传记、新闻等；可以是非语言的，如舞蹈、比赛、游戏等；可以是单一模态的，也可以是多模态的，如电影、电视采访、法庭辩论等。在所有这些叙述方式中，小说无疑是最为典型的讲故事的方式。经典叙述学专注于小说叙述，并被称作小说叙述学，这就不足为奇了。广义叙述学（又称符号叙述学）（赵毅衡，2013）思想的提出，大大拓展了叙述学研究的范围，让叙述学从较为单一的小说叙述或文学叙述，开始进入极为广阔的符号学研究领域，并关注各种形式的符号叙述行为。

虽然人们给符号所下的定义千差万别，符号的类型也不计其数，但是都会认可符号最为核心的特征是："被认为携带意义的感知。"（赵毅衡，2016：1）我们无时无刻不在感知这个世界，而之所以可以感知到这个世界，是因为各种各样符号的媒介作用，这就导致整个宇宙都充满着符号（Peirce，1958：5.488）。这也就进一步导致广义叙述学的研究范围会极其广泛，我们总希望发现新的广义叙述学的研究领域及研究对象，这也是本研究的一个基本动机。具体来说，就是我们根据广义叙述学的基本理念和构成要素，指出具有时间性、情节性的概念隐喻也可以成为广义叙述学的研究对象，特别重要的是，通过从叙述学的视角来分析阐释概念隐喻，我们可以从一种全新的视角揭示概念隐喻叙述的结构特征及功能作用，这一研究无论对于广义叙述学还是认知语言学的隐喻研究都会带来颇有启发价值的重要信息。

2 广义叙述学的体裁类别

由赵毅衡（2013）首先提出的广义叙述学，为经典叙述学的研究开拓出一片广阔的天地，不仅成为叙述学研究的一场革命（唐小林，2020：198），同时也为符号学的跨学科发展搭建起一座沟通交融的桥梁。为了从抽象结构上对叙述体裁做出分类，以涵盖所有的叙述体裁类型，赵毅衡（2013：1）首先把叙述体裁分为三大类，即记录类、演示类和意动类。其中也包括交叉或非典型的类别，如记录演示类、类演示类，同时也展示了与这些类别相对应的时间向度、纪实与虚构型体裁类别，如下表所示。

表 1　叙述体裁分类（赵毅衡，2012：1）

时间向度	适用媒介	纪实型体裁	虚构型体裁
过去	记录类：文字、言语、图像、雕塑	历史、传记、新闻、日记、坦白、庭辩、情节壁画	小说、叙事诗、叙事歌词
过去现在	记录演示类：胶卷与数字录制	纪录片、电视采访	故事片、演出录音录像
现在	演示类：身体、影像、实物、言语	（电视、广播的）现场直播、演说	戏剧、比赛、游戏、电子游戏
类现在	类演示类：心像、心感、心语	心传	梦、幻觉
未来	意动类：任何媒介	广告、许诺、算命、预测、誓言	

与我们即将讨论的隐喻叙述相对照，表 1 所体现的叙述体裁有两个典型特征。首先，叙述是发生在同一时空的单一过程。其中，同一时间指的是某一特定叙述文本发生在某一特定的时间段内，这一时间可以是单纯的过去、现在或未来，或者过去现在、类现在，不能在两个不同的时间中分别产生叙述活动。如果是这样的话，那就属于两个不同的叙述文本了。同一空间与同一时间融合在一起，叙述是同一时空之中所发生的行为。正是由于叙述是在同一时空下发生的，那这一叙述一定是一个单一的过程。尽管在这一作为整体的单一过程中，内部还存在各种各样较小的叙述行为，但这些叙述只是作为构成整体叙述的要素而存在，并不能被看作是整体叙述的结构性要件。对于整体来说，结构性要件缺一不可，否则整体将不复存在，而构成要素却可多可少，性质也可以多种多样。对结构性要件的阐述，下面还将结合对隐喻叙述的讨论做进一步说明。表 1 所反映的第二个典型特征，是这些体裁均具有较为显著的完整性特征，可以很容易与其他体裁或事物区分开来。所谓完整性，就是整个叙述能够构成一个有意义的整体，叙述者言之有物，按一定的逻辑较为连贯地展示叙述信息，包括梦、幻觉这样的看似无逻辑的叙述体裁，其实也有其自有的逻辑结构，尽管这种逻辑的基本特征是离散的、跳跃式

的；此外，叙述对象能够明确识别体裁的类型并获得相对完整的信息。从某种意义上说，赵毅衡所提出的广义叙述的体裁类型，可以被看作小说叙述的各种变体。这些变体虽然用与小说相同或不同的各种方式呈现，但其本质依然是"小说"，是不同体裁形式遮蔽下的小说，都是在以不同的形式"讲故事"。

与赵毅衡从功能出发对叙述体裁的分类不同，唐小林（2016）把符号叙述分为两大类，即演述和讲述。演述是以身体作为媒介的符号叙述，如足球比赛、宗教仪式、游行集会、抢险救灾等，这是人类日常生活中最为常见、覆盖面最广的一种叙述活动。讲述则与一般所说的"叙述"大致相同，指的是"运用特有媒介符号进行叙述"，如小说使用的是文字符号进行叙述，电影使用的是多模态符号进行叙述，连环画使用的是图文符号进行的叙述。总之，"大凡身体媒介符号以外的叙述，都在讲述范围"。虽然与赵毅衡的分类相比，唐小林（2016）的两分法更加宽泛，但两者本质上仍具有相同的特征，即他们所讲的叙述体裁依然指的是发生在同一时空内具有单一过程的叙述行为，而且这些叙述具有完整性特征。事实上，在叙述学从小说叙述到广义叙述的发展过程中，叙述的时空性与完整性已经发生了某些变化。如舞台表演，它可以是一次性的或在某一特定时空中发生的叙述行为，也可以是在多个时空环境中所发生的不同叙述行为的抽象集合；再比如游行集会，它既可以是单一的在某一特定时空中发生的事件，也可以是大大小小，在不同阶段所发生的事件的抽象集合。作为叙述文本要件的符号，可以是较为直观显性的符号，如文字符号、图像符号、行为符号等，也可以是显性符号在大脑中的抽象反映，类似于索绪尔符号学概念中作为心理实体的"能指"。但是即便如此，上述两种叙述体裁的类别依然无法涵盖我们即将讨论的隐喻叙述行为，因为隐喻叙述很大程度上是一种内隐的叙述行为，呈现碎片化、多层级、多主体等不同于以往叙述行为的特征。

3 时间性结构隐喻

如果隐喻可以成为叙述，那它必须符合叙述的基本定义要求。赵毅衡对叙述所下的最简练的定义是："某个叙述主体把人物和事件放进一个符号组成的文本，让接受主体能够把这些有人物参与的事件理解成有内在时间和意义向度的文本。"（赵毅衡，2013：8）该定义把叙述分成了文本构建和文本理解两部分。其中文本构建中的要素有叙述主体、人物和事件、符号文本，基本结构是某人把某物放进某文本之中，这样就完成了文本构建。但是仅有构建好的文本还不能算叙述文本，所构建的文本必须经由接受主体的理解行为方能成为最终的叙述文本。如果隐喻表达可以满足上述叙述定义的要求，它就能被认定为叙述文本。

以《我们赖以生存的隐喻》（*Metaphors We Live By*）（Lakoff & Johnson，1980）所触发的大写的或狭义的认知语言学（Cognitive Linguistics）革命，使人们对隐喻这种传统的修辞手段有了全新的认识，发现隐喻不仅仅是一种修辞格或语言表达方式，更为重要的是，它也是一种思维方式和行为方式。认知语言学所推动的隐喻研究，让人们深刻认识到隐喻在思维及行动中所起的极其关键的作用。隐喻可以分为三种基本类别，分别是本体隐喻（ontological metaphor）、方位隐喻（orientational metaphor）和结构隐喻（structural metaphor）。本体隐喻和方位隐喻由于缺乏时间向度或情节要素，或者说与叙述的定义要求不符，我们在此不做讨论。对于结构隐喻来说，我们从叙述的概念出发，可以把结构隐喻分为两类：非时间性结构隐喻和时间性结构隐喻。先看非时间性结构隐喻的例子。

IDEAS ARE FOOD（思想是食物）

无论是英语文化还是汉语文化，都可以把"思想"比作"食物"。之所以说"思想是食物"是一个结构隐喻，是因为从这个基本的概念隐喻出发，我们可以用讨论或描写食物的方式来讨论或描写思想：食物可以吃，相应地我们可以说"吃透思想"；食物可以吞咽，相应地我们可以把理解不透说成"囫囵吞枣"；食物可以被消化，相应地对思想的理解可以直接表达为"消化"；食物能带来营养，相应地我们说思想能够"滋养"我们等，不一而足。围绕食物所形成的表达结构，在一定程度上可以被投射（project）到对思想的表达上，形成一种结构性的映射关系，故称结构隐喻。由于思想和食物都属于静态的实体，不直接涉及时间或情节因素，因此与叙述的关系不大，暂不放入叙述的框架内讨论。我们研究的重点是时间性的结构隐喻，并通过聚焦疾病战争隐喻来进行分析。如下所示。

TREATING DISEASE IS WAGING WAR（治疗疾病是发动战争）

人类在应对重大自然灾害、严重的流行性疾病等重大事件时，总是习惯于采用战争思维，即把应对这些重大灾害事件行为比作应对战争，在语言、思维及行动层面上采取战争隐喻策略。（Karlberg & Buell，2005；Flusberg，Matlock & Thibodeau，2018）早在19世纪末，战争隐喻已经开始大量进入现代流行病的语言领域（Baehr，2006），将人体患病和治疗过程视作一场战争，形成了以"生物军事主义"（bio-militarism）为特征的疾病隐喻。（Montgomery，1991，1996）人们在应对重大传染性疾病时之所以会采用战争隐喻，不仅仅是因为治疗疾病与发动战争存在很多相似性，更为重要的是，通过采取类似于战争的行动，可以较为迅速有效地取得抗击传染病的胜利。（陈阳、周思宇，2022；刘建稳、钟玲俐，2022）

我们知道，疾病的治疗过程具有时间性和情节性，是一个相对完整的叙述文本。战争也是如此，有开始，有过程，还有结束，也是一个相对完整的叙述文本。然而，在治疗疾病和发动战争这两个各自独立的事件基础上形成的战争隐喻，是否也是一个叙述文本呢？它是否能够满足成为叙述的基本条件？其叙述的特征是什么？能否归入赵毅衡（2013）或唐小林（2016）所列出的某个叙述体裁类别之中？这些都是我们下面要回答的问题。

4 战争隐喻的叙述特征

为了较为直观地呈现疾病治疗过程中战争隐喻的特点，我们以抗击新冠肺炎疫情中的语言表达策略为例来进行说明。

（1）坚决**打赢**疫情防控的**人民战争**、**总体战**、**阻击战**，努力实现今年经济社会发展目标任务。（2022年2月12日，习近平主持召开中央政治局常委会并发表重要讲话）

（2）新冠肺炎疫情发生以来，我们坚持人民至上、生命至上，坚持外防输入、内防反弹，坚持动态清零，因时因势不断调整防控措施，疫情防控取得重大**战略成果**。今年3月以来，经过全国上下勠力同心、**并肩作战**，我们经受住了**武汉保卫战**以来最为严峻的防控考验，取得了阶段性成效。实践证明，我们的防控方针是由党的性质和宗旨决定的，我们的防控政策是经得起历史检验的，我们的防控措施是科学有效的。我们**打赢**了**武汉保卫战**，也一定能够打赢大**上海保卫战**。（2022年5月5日，中共中央政治局常务委员会疫情防控会议内容）

（3）要从**忠诚拥护**"两个确立"、**坚决**做到"两个维护"的政治高度，**坚决**把思想和行动统一到习近平总书记重要讲话精神上来，**深刻完整全面**认识党中央确定的防控方针政策，指导各地坚决克服认识不足、准备不足、工作不足等问题，**坚决**克服轻视、无所谓、自以为是等思想，**毫不动摇**坚持"外防输入、内防反弹"总策略、"动态清零"总方针，**坚决**同一切歪曲、怀疑、否定我国防疫政策和成果的言行做斗争，**坚决**守住不发生规模性反弹的底线。（2022年5月6日，国家卫生健康委学习中共中央政治局常委会会议精神后的表态发言）

（1）和（2）中使用了一些典型的战争用语，如"打赢""并肩作战""战略成果""人民战争""总体战""阻击战""保卫战"等。通过这些看似离散的战争表达方式，我们可以深刻体会到，面对复杂的新冠肺炎疫情，我们在打一场全面动员、全力以赴的抗疫人民战争。在语言文本的表层结构，我们看到的是零星出现的战争用词，但正是这些个别的战争用词，调动起了全民进行抗疫战争的意识与热情，构建出一个深层的或思想层面的连贯抗疫战争文本。在（3）中所使用的"坚决""毫不动摇""忠诚拥护""深刻完整全面"这些用语，虽然不属于典型的战争用词，但却是实施战争行动时坚决服从命令的表现，是战争能够最终取得胜利的根本保障，属于战争行为的直接关联用语，是战争隐喻表达的必要组成部分，有助于更好地构建深层抗疫战争文本。由此可见，抗疫过程中的战争隐喻文本不同于一般的具有显著显性特征的各类叙述文本，它既有一定的显性的语言符号的体现，但更重要的是在心理层面上构建起连贯的表达文本。鉴于其表现方式的与众不同，我们非常有必要去论证一下这种特殊的隐喻文本是否符合叙述文本的基本要求。我们论证的方式不是从叙述的概念出发去论证，因为叙述的一般定义过于笼统，而且很难体现战争隐喻的特点。我们选择的论证方式，是看赵毅衡

（2013）所提及的最为重要的几个叙述要素是否在战争隐喻中有所体现，以及体现方式如何。因为当战争隐喻都能够体现这些重要的构成要素时，所构成的文本自然就是叙述文本。这些叙述要素包括：叙述者、二次叙述化、底本与述本、时间向度与情节。

4.1 叙述者

叙述是叙述者主导下的活动，是叙述者启动了叙述过程，用身体或者身体之外的各种符号来传递叙述信息，"找到叙述者，是讨论任何叙述问题的出发点"（赵毅衡，2013：91）。然而，看似简单的叙述者问题，实际上极为复杂，如何确定叙述者甚至成了广义叙述学发展缓慢的重要原因之一。（Hogan，2011：12）对于非语言的叙述文本来说①，可以从三个方面来寻找文本的叙述者，即文本构筑、接受构筑和体裁构筑。所谓文本构筑，是指文本结构所显现的叙述源头；接受构筑是受述者对叙述文本的重构；体裁构筑是叙述文本的社会文化程式。（赵毅衡，2013：93）

从概念隐喻的形成出发，我们可以把隐喻叙述的形成过程表现见图1。

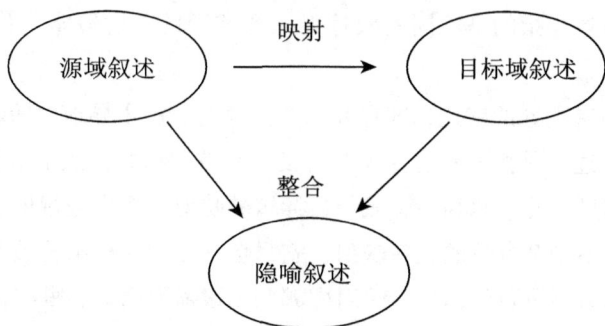

图1　隐喻叙述的形成过程

图1所示的隐喻的形成过程基于认知语言学的概念整合理论（Conceptual Integration Theory）（Fauconnier & Turner，1998），这里用来解释时间性结构隐喻的叙述特征。一个隐喻叙述是由一个源域叙述和一个目标域叙述通过映射以及整合过程形成的。在"治疗疾病是发动战争"这一概念隐喻中，源域叙述是对战争过程的叙述，目标域叙述是对疾病治疗过程的叙述，通过把治疗疾病比作发动战争，或者说通过发动战争对治疗疾病的映射作用，最终形成了一个战争隐喻叙述，因此，叙述者分别出现在三个不同的叙述文本中。这三个文本都不是某一个具体的、特定的文本，而是三个抽象的框架结构。它们既可以体现在具体的文本中，也可以通过受述者再现或重构，

---

① 隐喻叙述不能算严格意义上的语言叙述，因为它不像小说那样用语言完整地呈现叙述内容，而是通过离散的隐喻表达语以及心理层面的对源域及目标域的概念整合作用来进行叙述，把其视作非语言的叙述似乎更合适一些。而且，基于非语言文本的寻找叙述者的过程也适用于语言文本，因为语言文本在某些情况下可以视作非语言文本的一种比较特别的类型。

还可以在特定的体裁中表现出来。限于篇幅，我们略去寻找叙述者的过程，直接把结果呈现出来（如表 2 所示）。

表 2　叙述类别、叙述性质与叙述者

叙述类别	叙述性质	叙述者
源域叙述	战争过程	集体、个人、机构等
目标域叙述	疾病治疗过程	医生、病人、普通人、机构等
隐喻叙述	抗疫战争	政府部门、官方媒体、自媒体、个人等

尽管隐喻叙述是基于源域叙述与目标域叙述，但我们这里仅聚焦隐喻叙述问题，这是本研究的核心话题。掌握隐喻叙述话语权的有政府部门、官方媒体、自媒体及每个个人。他们理论上都可以发声，但影响力各不相同。虽然都在使用抗疫战争隐喻，但彼此对整个叙述过程的关注点会各不相同，这就会形成几种不同类型的战争隐喻叙述者关系。

（1）统一的叙述，指的是不同的叙述者采取相同的叙述策略，关注相同的叙述阶段和要素。

（2）某一叙述者主导的叙述，即存在一个强势的、占主导地位的叙述主体。

（3）平等的叙述，是指各叙述主体各自发声，彼此独立，互不牵涉。

隐喻叙述并非只是简单地利用源域与目标域的映射关系来进行抗疫活动的叙述，因为隐喻映射从来都不是全方位的关系映射，它只会一方面突显某些关系要素；另一方面屏蔽另外一些被认为不重要的因素。映射中哪些因素需要凸显，哪些因素不凸显，需要叙述者做出选择或决策。像抗击新冠肺炎这样重大的社会事件，党和政府必须以起主导作用的叙述者的身份出现，强势发声，引导民众及舆论关注抗疫战争中的某些关键环节（如全面动员、全力以赴应对、坚定必胜决心，等等）。

4.2　二次叙述化

二次叙述化是任何一个叙述文本都要经历的过程，其中当然也要包含一次叙述化，简称叙述化（narrativization）。叙述化"发生于文本构成过程中"，通过"在一个文本中加入叙述性（narrativity），从而把一个符号文本变成叙述文本……叙述化的具体内容，是情节化加上媒介化"。二次叙述化是"发生于文本接收过程中"，是一个"追溯出情节的意义"的过程，一个"不断构造的（structuring）"的过程。（赵毅衡，2013：106）由于隐喻叙述由三个不同的叙述构成，而且最终的隐喻叙述是在源域叙述和目标域叙述的基础上形成的，这就使得隐喻叙述的一次叙述化变得比较复杂，由两个阶段和三个部分构成（如图 2 所示）。

第一阶段　　　　　　第二阶段

一次叙述化　　┌─────────┐　　┌─────────┐
　　　　　　　│战争叙述化　│─→│战争隐喻叙述化│
　　　　　　　│疾病治疗叙述化│　　└─────────┘
　　　　　　　└─────────┘

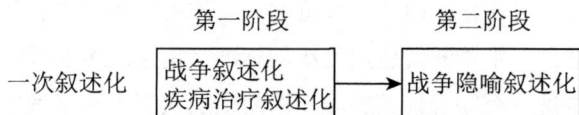

图 2　一次叙述化

第一阶段的叙述化形成了两个各自独立的叙述文本，它们依靠相似性（similarity）产生了从源域（发动战争域）到目标域（疾病治疗域）的映射，从而形成了战争隐喻叙述文本。这是一个抽象结构，理论上源域中的各种构成要素都可以被映射到目标域上，但是在文本接受过程中，也就是二次叙述化的过程中，只能是某些要素得到凸显，而其他要素被遮蔽起来，这就需要叙述者根据叙述目的、情景等因素做出取舍。

二次叙述化要求把一次叙述化中形成的战争隐喻架构用特定的媒介形式表达出来，如政府文件、新闻报道、会议纪要、广告宣传，等等。接受者在战争进程的框架内学习、领会以及执行抗疫中的各种行为。战争隐喻叙述是一个完整的"故事"叙述，虽然在各种媒介中体现出来的时候可能只是抗疫战争进程中的某一个片段，如动员阶段、胶着阶段、攻坚阶段等，但每一个片段都可以激活整个抗疫战争过程，并最后指向抗疫战争的最终胜利。因此，与以往所有的广义叙述的类别不同，抗疫战争隐喻的叙述往往不具备显性的叙述文本的完整性，而是通常以离散、片段的形式呈现的；完整的具有"故事"情节和时间向量的文本存在于大脑之中，是一个"认知心理叙述文本"。

4.3　底本与述本

一个叙述文本不可能凭空产生，它一定是基于某些特定的信息结构与内容而产生的，这种最初的为述本提供基础性结构与信息的文本就是所谓的底本。（赵毅衡，2013：121）把底本视作"叙述之所'本'"，是"述本形成之前的叙述状态"。在从底本到述本的转化过程中，会经历一个选择与再现的过程，需要通过媒介来赋予述本一种外在的表现形式。对于究竟是底本大还是述本大的问题，存在两种相反的观点。一种认为，既然底本是"一个供选择的材料集合"，而述本是在此基础上经过选择和再现后形成的另外一个文本，而且在此过程中，只有被选择的内容才能被显现出来，而未被选择的则依然留在底本中，因此底本总是要大于述本。另一种观点认为，鉴于述本总是在底本的基础上增添了许多"形式花样"，这就会导致述本要大于底本。（赵毅衡，2013：129—135）事实上，对于底本与述本孰大孰小的争论都是源于看问题角度的不同，彼此关注的要点不同。在广义叙述学的框架下，叙述文本的性质千差万别，一个底本可能较为抽象、简单，也可能因包含大量的细节或来源于不同的渠道而变得非常复杂；而一个述本可能表现为某一个单一的文本，也可能表现为形式多样的述本的集合。抛开文本的性质谈底本与述本孰大孰小是毫无意义的。

针对应对重大疾病时所使用的战争隐喻这一特殊的叙述文本，我们发现无论是其底本还是述本都比较复杂，很难笼统地用大小的标准来衡量底本和述本。

　　战争隐喻的底本是一个综合性的底本，由两个层次三个次级底本构成，其中每一个底本都是一个半开放性的结构，其范围无法准确界定。所谓两个层次对应的是隐喻形成的两个阶段，即由两个输入空间（input space）（Fauconnier & Turner，1997，1998）所构成的前隐喻阶段，其中包括发动战争的底本和治疗疾病的底本，以及在输入空间基础上形成的战争隐喻底本。每一个底本都是一个开放性的结构，没有泾渭分明的边界，我们对这种底本结构的认识是基于认知语言学所说的"原型范畴"（prototypical category）。简单地说，就是我们是通过最典型的底本结构来进行理解和表达的，但除了典型的结构内容以外，它还会包含因人而异、因各种历史、文化、语境等变体因素而异的非典型的结构与内容。每一个次级底本都是存在于人们思维结构中的叙述前文本，这三个次级底本的核心是战争隐喻底本。

　　战争隐喻的述本是以口语或书面语文本为媒介所形成的一个个具体的语篇，每一个具体的语篇都会从战争隐喻底本中做出选择，凸显战争隐喻中的某一个阶段或类型，如战争动员阶段、战争相持阶段、战争攻坚阶段、战争收尾阶段等，或者阻击战、歼灭战、人民战争等。实际的战争隐喻叙述很少会完整地再现战争的整个过程，除非在"战争"取得最终胜利后回顾整个过程时才会如此；战争隐喻叙述通常都是再现"战争"进程中的某一个阶段，但即便显性的叙述本身是离散的、片段性的，但是在认知心理层面，人们会有一个较为完整的叙述文本，我们暂且称之为"认知心理叙述文本"。根据述本的定义，作为述本的文本具有一个重要的特征，就是需要通过某种媒介以显性的方式来展现，这样才能保证被接受者感知得到。认知心理叙述文本虽然存在于心理层面，但离不开某种口语或书面语中某些显性信息的扩散激活（spreading activation）作用。是那些零星的、离散的显性信息所产生的"触发"（triggering）效应［如例（1）—（3）中的战争隐喻用语］唤起了接受者心理中较为完整的叙述文本。因此，认知叙述文本的表达者和接受者之所以可以获得心理层面的对话，完全是依靠显性的少量关键文本信息的扩散激活效应。正是这一特点，导致战争隐喻叙述与以往所研究的小说叙述及其他广义叙述文本表现出显著的差异。

4.4　时间向度与情节

　　叙述都是按时间顺序展开的，无时间向量的叙述不是叙述，只是陈述。当前抗击新冠肺炎的叙述是一个现在时，因为"战争"尚在进行之中，但这也不排除我们会把叙述的时间前移，去回顾过去已经发生的"战争"进程；也可以对"战争"的发展趋势进行展望，去叙述未来"战争"的结果。无论我们设定过去、现在还是将来，战争隐喻叙述都必然包含时间向量；即便我们只是在显性层面聚焦"战争"进程的某一个片段，也依然会在认知心理层面体现"战争"的时间进程。

根据赵毅衡（2013：147—150），叙述时间可以分为两种：一是"被叙述时间"（narrated time）或"情节时间"（event time），即所叙述事件的发生过程；二是"叙述行为时间"（narration time），即叙述本身所发生的时间。在战争隐喻叙述中，"被叙述时间"指的是疾病治疗、战争进行以及战争隐喻行为所体现的时间性，它们都是一个有开始，有发展过程，有终结的时间事件。而对于"叙述行为时间"来说，它指的是战争隐喻的表达总是在一个特定的时间段或时间节点上发生的，如某一个特定的报告或新闻报道中所涉及的战争隐喻。

与叙述的时间性不可分割的是叙述情节，它总是表现为在时间轴上的彼此相连、递进发展的各个事件片段，这些片段串联起一个完整的情节。无论是战争隐喻的叙述底本还是述本，在较为抽象的层面上都具有相同的情节发展过程，这也是为什么治疗疾病和发动战争能够形成时间性概念隐喻的根本原因，或者说，是情节的一致性成就了不同认知域的事件可以概念整合（conceptually blend）为特定的概念隐喻。

5 结语

时间性概念隐喻叙述是一种非典型的叙述类型，它不同于以往经典叙述学以及广义叙述学所讨论的所有叙述类型，但不可否认的是，这种叙述显然具有资格成为叙述的一种类型。为了证明时间性概念隐喻叙述就是叙述，我们分析了叙述通常包含的几个核心构成要素，即叙述者、二次叙述化、底本与述本、时间向度与情节，并对隐喻叙述的文本性质进行了分析。研究一方面证实了隐喻叙述的确具备叙述所包括的一些基本要件；另一方面也展现出隐喻叙述不同于以往所研究的各类叙述文本的独特之处。这对于进一步扩大广义叙述学研究的范围具有非常重要的价值，尤其是在广义叙述学只关注显性叙述文本的完备性这一方面，我们提出了认知心理叙述文本的概念，这既保证了"完备性"特征不受影响，也把显性文本与隐性文本的互动性问题提了出来，为将来叙述文本的研究提供了一个新的思路。

时间性战争隐喻并非时间性概念隐喻的一个孤例，类似的时间性概念隐喻还有很多，例如：

"生活是旅程" — Life is journey

"爱情是旅程" — Love is journey

"爱情是竞赛" — Love is competition

"事业是登山" — Career is mountain-climbing

"人生是游戏" — Life is game

"坚持是'滴水穿石'" — Persistence is drilling stone with drops of water

"事业是工程建设" — Career is construction

"教育是农业" — Education is agriculture

正如 Lakoff & Johnson (1980) 所认为的那样,隐喻不仅仅是一种语言表达手段,一种辞格,它还是一种思维方式和行为方式。时间性概念隐喻因为内在的时间性、事件性、完整性等不同于其他概念隐喻的特征,使其对思维的完整性、逻辑性、深刻性能够产生更显著的影响,人们基于这样的思维去采取相应的行动时,行动则具有了更强的系统性、合理性、有效性。广义叙述学框架下的时间性概念隐喻研究对于叙述学以及认知语言学的隐喻研究应该会有非常有价值的理论及实践意义。

参考文献

［1］ Baehr, P. Susan Sontag, battle language and the Hong Kong SARS outbreak of 2003 ［J］. *Economy and Society*, 2006, 35 (1): 42 - 64.

［2］ Fauconnier, G. & Turner, M. *Mappings in Thought and Language* ［M］. Cambridge: Cambridge University Press, 1997.

［3］ Fauconnier, G. & Turner, M. Conceptual integration networks ［J］. *Cognitive Science*, 1998, 2 (1): 133 - 187.

［4］ Flusberg, S. J., Matlock, T., & Thibodeau, P. H. War metaphors in public discourse ［J］. *Metaphor & Symbol*, 2018, 33 (1): 1 - 18.

［5］ Hogan, P. C. *Affective Narratology: The Emotional Structure of Stories* ［M］. Lincoln & London: University of Nebraska Press, 2011.

［6］ Karlberg, M., & Buell, L. Deconstructing the "War of all against all": The prevalence and implications of war metaphors and other adversarial news schema in TIME, Newsweek, and Maclean's ［J］. *Journal of Peace and Conflict Studies*, 2005, 12 (1): 22 - 39.

［7］ Lakoff, G. & Johnson, M. *Metaphors We Live By* ［M］. Chicago: The University of Chicago Press, 1980.

［8］ Montgomery, S. L. Codes and combat in biomedical discourse ［J］. *Science as Culture*, 1991, 2 (3): 341 - 390.

［9］ Montgomery, S. L. *The Scientific Voice* ［M］. New York: Guilford Press, 1996.

［10］ Peirce, Charles S. *The collected papers of Charles Sanders Peirce* ［M］. *Volumes VII and VIII*. Edited by Arthur W. Burks. Cambridge MA: Harvard University Press, 1958 ［1866 - 1913］.

［11］ 陈阳,周思宇. 战争隐喻、国家身体与家国想象——基于语料库的新冠肺炎疫情报道隐喻研究 ［J］. 国际新闻界, 2022, (2): 37 - 57.

［12］ 刘建稳,钟玲俐. 新冠肺炎疫情的战争隐喻及其影响 ［J］. 重庆第二师范学院学报, 2022, (1): 48 - 53.

［13］唐小林. 符号叙述学视野与人类社会演进［J］. 符号与传媒, 2020,（1）: 195 – 205.

［14］唐小林. 演述与讲述: 符号叙述的两种基本类型［J］. 社会科学辑刊, 2016,
（3）: 69 – 74.

［15］赵毅衡. 广义叙述学［M］. 成都: 四川大学出版社, 2013.

［16］赵毅衡. 符号学: 原理与推演（修订本）［M］. 南京: 南京大学出版社, 2016.

On the Semiotic-Narrative Properties of War Metaphor
in Anti-pandemic Campaign

Wang Jun

（Soochow University）

Abstract: Conceptual metaphor is a major topic in Cognitive Linguistics. As one of the three major categories, structural metaphor may in some cases contain temporality that involves plots and narrators, so it can be reasonably studied as a special kind of semiotic-narrative text in the framework of General Narratology. This study is based on the concept of General Narratology proposed by Zhao Yiheng（2013）, from which some basic elements are considered that include the nature of text, narrators, secondary narrativization, base text and narrating text, temporal vector and plot, all of which would be analyzed in relation to the War-metaphor Frame frequently used in fighting against major diseases. The purpose of this study is to uncover how meaning is expressed in this special kind of semiotic-narrative text.

Keywords: General Narratology; War-metaphor; major diseases

作者简介

王军, 苏州大学外国语学院副院长, 教授, 博士生导师。主要研究方向: 对比语言学、认知语言学、符号学。

法国叙述论符号学的基本结构及其应用

王天骄

摘　要： 本文系统梳理和介绍法国叙述论符号学（sémiotique）的基本结构，如二元结构、三元结构、矩阵结构和张力结构。由格雷马斯（A. J. Greimas）开创的叙述论符号学把符号间性作为自己的研究对象，它有别于索绪尔（F. D. Saussure）开创的结构论符号学，后者的研究对象是静态的符号及符号分类。叙述论符号学已经成为法国现代符号学研究的主流，而基本结构则是这种研究的理论基础。对基本结构的了解有助于我们更加准确和细致地认识法国叙述论符号学的全貌。

关键词： 二元结构　三元结构　符号学矩阵　张力结构

1 导言

20世纪60年代，法国符号学界发生了几件大事：1966年，格雷马斯（A. J. Greimas）出版了他的重要著作《结构语义学》（*Sémantique structurale*），该作品后来被视为"巴黎符号学学派"（École sémiotique de Paris）的开山之作；同年，在联合国教科文组织的资助下，雅各布森（R. Jakobson）推动成立了国际符号学协会（Association international de Sémiotique）；1967年，法国杂志《社会科学通讯》（*Information sur les sciences sociales*）设立了"符号学研究"专栏；1969年，这个专栏被丰富和拓展，从而转变为一本独立的重量级国际杂志——《符号学》（*Semiotica*）。

上述一系列事件标志着法国符号学研究进入第二阶段，符号学家开始采用"sémiotique"一词，如今这个词被翻译为"叙述论符号学"，以区别于索绪尔提出的另外一词"sémiologie"，它被翻译为"系统论符号学"。针对"sémiotique"一词，埃诺（A. Hénault）指出，它一方面是"对索绪尔语言学工作的延伸"（Hénault，1992：26 - 30）；另一方面也是"对崭新类型的知识的积累"（Hénault，1992：26 - 30）。经过半个多世纪的发展，叙述论符号学已经成为当今法国符号学研究的主流，在谈论这种思潮的理论成果的时候，首先涉及的应当是它对于自身基本结构的论述和主张。下文就围绕叙述论符号学的基本结构做一些分析，并尝试回答以下三个主要问题。

（1）何谓叙述论符号学的基本结构？

（2）叙述论符号学的基本结构有哪几种？

（3）如何应用基本结构？

2 叙述论符号学的基本结构

根据格雷马斯和库尔泰斯（J. Courtés）合编的《符号学：言语活动理论的系统思考词典》（*Sémiotique：Dictionnaire raisonné de la théorie du langage*）的解释，"sémiotique"（即叙述论符号学）一词可以从以下三个方面进行理解（Greimas et Courtés, 1993：339 – 341）：

（1）它指的是人们试图去认识的一种"单体"（grandeur），这种单体可以通过任意一种形式来表现出来；

（2）它是一种认识对象，人们可以按照它被描述的样子，或者按照它被描述之后形成的样子来理解它；

（3）它是方式方法的集合，通过这些方式方法就可以使人们对于叙述论符号学的认识变得可能。

通过对上述三者的比较，我们不难发现，三个方面的理解大致可以分为两大类型：前两种理解方式可以被归为一类，因为它们都是从本体论这个角度对叙述论符号学进行解释，想要回答"是什么"的问题；第三种理解方式则是从"方法论"的角度对叙述论符号学进行解释，它想要回答"怎么办"的问题。应当指出的是，本文所要谈论的"基本结构"问题正是符号学家从方法论角度对叙述论符号学进行思考的过程中逐步归纳和提炼出来的。丰塔尼耶（J. Fontanille）在《话语符号学》（*Sémiotique du Discours*）一书中指出，归纳基本结构的主要目的就是"识别各种基本的图示化活动以及意义组合方式"（Fontanille, 2016：53）。可以看出，他在这里所强调的是叙述论符号学的工作方法或步骤，即方法论问题。

叙述论符号学的基本结构和"图示化"（schématisation）概念联系在一起。所谓图示化，就是用具体的几何图形（比如三角形、矩形、圆形等）将作品的叙述、人物的行为或情感乃至社会群体的意识形态等抽象事物直观地展现出来。简言之，就是要让看不见、摸不着的人类精神世界"可视化"（visualisation）。意指过程的图示化是"话语"（discours）所具有的特征之一，各种不同的意义在话语中被现实化，从而产生各种意指结构。话语通过图示化才能将意义显现出来，也就是说，话语会提出各种不同的意指结构的图示，既有简单的图示，也不乏复杂的图示，价值体系正是在这些图示中组合在一起。

3 叙述论符号学的基本结构

一般来说，叙述论符号学的基本结构主要包括四种：①二元结构；②符号学矩阵（也称为矩阵结构）；③三元结构；④张力结构。下文针对这四种基本结构依次介绍。

3.1 二元结构

叙述论符号学的"二元结构"（structure binaire）主要包括两大类型："矛盾项"

（contradictoire，通常也称为否定项）对立和"对比项"（contraire）对立，这两种类型分别形成项目之间的"矛盾关系"（contradiction）和"对比关系"（contrariété）。如图 1 所示。

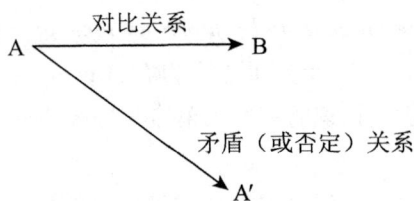

图 1　二元结构

　　从端点 A 同时引出两条射线，分别指向字母 A′和字母 B，从而将叙述论符号学的二元结构图示化。字母 A 与 B 互为对比项，A 是 B 的反面，反之亦然；而字母 A 和 A′互为矛盾项，字母 A 是对字母 A′的否定；同理，字母 A′也是对字母 A 的否定。与此同时，我们看到矛盾关系和对比关系并存于同一个图示之中，这就表明在具体的操作中，这两种关系可以同时出现在同一个价值系统之中。

3.2　符号学矩阵（矩阵结构）

　　在某种程度上，"符号学矩阵"（le carré sémiotique）可以认为是对二元结构的拓展和延伸。在二元结构中，我们已经接触到词项之间的矛盾关系和对比关系。符号学矩阵将上述两种类型的关系组合在共同的价值系统之中，从而衍生出词项之间（字母 A′和 B 之间，见图 2）的第三种关系，即"蕴含关系"（implication）。

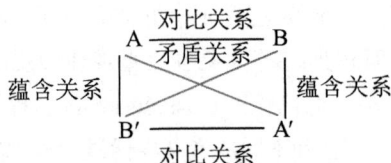

图 2　符号学矩阵（矩阵结构）

　　不难看出，上述图示中的每一个词项都与其他三项建立了关系。换言之，每一个词项都处于矛盾、对比和蕴含这三种类型关系的交叉点上。因此，符号学矩阵可以被视为一个结构化了的实体，可以借助它呈现叙述类作品的基本框架。

3.3　三元结构

　　叙述论符号学的"三元结构"（structure ternaire）是由美国逻辑符号学家皮尔斯（C. S. Peirce）所主张并逐步丰富和完善的。在皮尔斯看来，三元结构是"理解意指结构的过程中所采取的三个不同的方式"（Fontanille，2016：64 – 66）。他还指出，

"通过这三个不同级别的方法，我们就能够了解意义世界"（Fontanille，2016：64 - 66）。可以看出，皮尔斯的三元结构更多是指人们认识、理解意义世界时所采取的前后接续的步骤，因此三元结构同样属于符号学方法论的范畴。

在第一层级，我们主要领会意义世界的感性或情感"品质"（qualité），所以本层级只包含唯一的要素，即意义品质本身，并且这一层级的典型符号被称为"拟象符"（icône）。在第二层级，我们尝试把意义品质和其他事物联系起来，所以就出现了两种要素，即意义品质和外在事物。同时，这一层级的典型符号被我们叫作"标示符"（indice）。紧接着，我们把前两个层级置于第三层级的主导之下，使之包含三个要素。除了上文所提到的意义品质和外在事物之外，第三个要素表现为某种规约。同时，这一层级的典型符号被称为"象征符"（symbole）。和前文类似，我们也可以借助图示将上述三个层级表示如下。

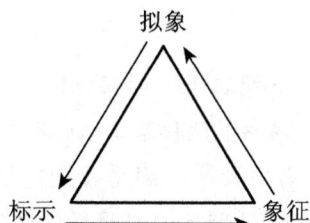

图 3 三元结构

如图 3 所示，三元结构可以反映出人们捕捉和理解意义的一般过程：首先是观察与意义品质相似的拟象符号，接着从因果关系或解释关系角度寻求标示符号，最后在两者之间建立规约，从而最终获得象征符号。可见，叙述论符号学的三元结构也可以被视为符号的一种"生成机制"（mécanisme génératif）。

3.4 张力结构

叙述论符号学中的"张力结构"（structure tensive）旨在描述话语主体的"感受在场"（présence sensible）的情况。它包含两大维度："强度"（intensité）和"广度"（étendue）。其中强度指的是被感受对象的力量大小，广度指的是被感受对象所涉及的范围，比如时间、空间或数量等。事实上，任何感受都是某种强度和广度组合在一起所产生的意义效果。其图示如下。

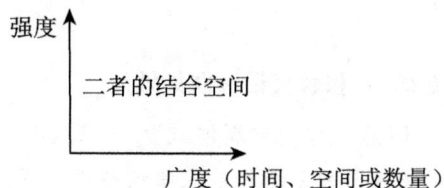

图 4 张力结构

从一点出发引出两条相互垂直的射线，形成坐标轴。垂直射线表示被感受对象的强度，水平射线表示被感受对象的广度，两条射线的中间区域就是强度和广度的结合点汇集而成的空间。需要指出的是，借助张力结构，我们可以追踪被感受对象的转化过程，所以张力结构是对"连续体"（continu）进行描述的工具。

通过对以上四种基本结构的分析，我们可以尝试做一下小结：

（1）每一种基本结构都可以借助某种几何图形直观地展示在我们面前；

（2）叙述论符号学的操作步骤带有数学的特征。埃诺认为，叙述论符号学目前还只是一种"科学规划"（projet scientifique），它追求的是建立类似于数学那样的"定理性科学"（science théorématique）。叙述论符号学致力于"消除主观主义，并提出如同数学证明那样的可复制性阐释"（Hénault，2012：3）。

4 基本结构的简单应用

对叙述论符号学基本结构的介绍属于"形式分析"（analyse formelle），因为我们平常不容易直接观察到它们，上文考察的四种基本结构都是符号学家在大量的经验事实中归纳和提炼出来的。而基本结构的具体应用是我们能够看见或接触到的，它们属于"实质"（substance）的范畴。所以从叙述论符号学的角度来看，形式是内在的，而实质是外在的。下文分别举例介绍四种基本结构的具体应用情况。

4.1 二元结构：《易经》中的"阴"和"阳"

在中国的古代典籍《易经》中，"阴"和"阳"是宇宙中既互相区别又互为补充的一对元素。从叙述论符号学的观点来看，"阴""阳"便构成了一种二元结构，"阴"和"阳"互为对比项，它们之间存在着对比关系。如下图所示。

阴————阳

图 5　对比关系

静止、内部、下降、寒冷和灰暗的事物属于"阴"的范畴；相反，运动、外部、上升、温暖和明亮的事物均属于"阳"的范畴。因此，互为对比项的"阴""阳"两种元素相互之间虽然有所区别，但并不排斥，二者反而要组合在一起，从而构成协调统一、相辅相成的意指整体。

4.2 符号学矩阵（矩阵结构）：格林童话《灰姑娘》

借助于符号学矩阵，可以建立起"述真模式"（véridiction），从而对事物状态的真实性进行判定。"述真"的意思就是对事物真假状态进行描述，这里主要对童话《灰姑娘》的部分情节进行分析，众所周知，灰姑娘穿上仙女用魔法赐予的高贵礼服去皇宫参加盛大的舞会，并且幸运地与王子翩翩起舞，然而这一切只能维持到午夜 12 点，灰姑娘最终不得不逃离皇宫。随着魔法的消失，她最后灰头土脸地蜷缩在厨房的墙边。假如把此时的灰姑娘视作一个符号的话，那么就适宜用述真模式来考察这个符号的状态。一方面，展现在读者面前的是一位满身脏污，身着破旧衣服的可怜女孩，她没有显示出自己气质高贵的一面，所以这是一种"不显现"（non-paraître）；另一方面，真实情况却是这位蜷缩在灰堆里的小丫头正是王子的心上人和未婚妻，这就是一种"存在"（être），它是一种不以任何人的主观意志而转移的属性。"不显现"和"存在"两种属性组合在一起，构成的语义效果是"秘密"（secret）。

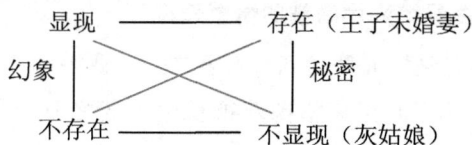

图 6 《灰姑娘》的符号学矩阵（矩阵结构）

如图 6 所示，假如一种事物只是在表面显露出来，而实际上并不存在，那么该事物归根结底就只能如海市蜃楼一般是一个"幻象"（illusion）。与之相反，如果某种事物本身是存在的，但表面却没有显露出来，那么该事物的存在实际上就处于"秘密"的状态之下。"灰姑娘"这个童话形象就属于这种情况。事实上，童话中经常有类似的桥段。比如公主被继母皇后赶出皇宫，流落森林，成为放鹅姑娘；或是王子流落到草原上，成为放羊娃等。把上述场面反映在符号学矩阵上，就生成了"秘密"这一意义效果。

4.3 三元结构：汉语语境下对"包青天"这一名称的理解

在汉语语境之下，我们都了解"包青天"这个词是对北宋名臣包拯的称呼，它指的是包大人清正廉洁，铁面无私，就像雨后晴空一般，万里无云，毫无瑕疵。那么，假如我们把"包青天"看作一个符号的话，这个符号和它所蕴涵的意义是怎样结合在一起的呢？（如图 7 所示）

图 7 包青天的三元结构

首先，万里无云的晴空（即青天）可以被视为一个"拟象符号"，它所要表现的唯一品质就是"干净、纯洁"。接着，人们把"青天"和"廉洁奉公"的精神品质联系在一起：因为廉洁奉公，所以这种精神品质就像是万里晴空一样。这是一种因果联系，"青天"因而从最初的拟象符号转化为"标示符号"。最后，把具备"清正廉洁"精神品质的人和"万里无云的晴空"结合在一起，产生了"包青天"这种象征符号，这实际上也意味着规约的出现。从上面的分析可以看出，"包青天"这个象征符号的生成正是遵循了叙述论符号学的三元结构。

4.4　张力结构：《三打白骨精》中唐僧的情感表现

众所周知，"三打白骨精"是我国四大名著之一《西游记》的重要情节之一。在这个场景中，"白骨夫人"为了吃到唐僧肉获得长生不老之躯，分别变身为"年轻的姑娘""老大人""老翁"，以便欺骗唐僧和猪八戒，从而掳走人唐高僧。剧情的后续发展我们也都很了解，白骨精的阴谋全被孙悟空识破，并最终命丧如意金箍棒下。然而在这个过程中，由于唐僧被妖术所蒙骗，以至于对孙悟空产生很深的误解，师徒关系产生裂痕。从符号学的角度来看，我们感兴趣的是三打白骨精过程中唐僧内心情感的变化。在符号学家眼中，"情感"也是一种符号，"情感世界被认为是一种言语"（Fontanille，1999：64）。因此，唐僧内心情感的变化实际上就是不同情感符号互动的结果，而且还通过身体符号的变化表现出来，身体表现由两大维度组合而成："强度和广度"（Fontanille，1999：76）。强度指的是主导情感的力量大小；广度则指的是情感所涉及的时空幅度，比如情感持续多久、所引发的身体动作的大小等。

事实上，从符号学角度来看，三打白骨精过程中唐僧的情感变化符合叙述论符号学的张力结构。一开始，当悟空把白骨精化身的年轻女子打死时，唐僧是"战战兢兢"；第二次，当悟空把老夫人打死时，唐僧"惊下马来"，二话不说，把紧箍咒"足足念了二十遍"；最后一次，当悟空把白骨精第三次化身成的老翁打死时，唐僧已经气得半晌说不出话来，把紧箍咒念的遍数更多了。纵观唐僧的三次表现，可以窥见他内心的愤怒是愈来愈强的，这反映在他的身体变化上：从一开始的打战，到跌下马，再到最后气得说不出话来。情感爆发的强度和广度都是不断增大的。

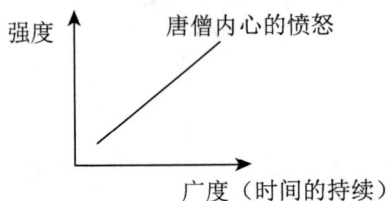

图 8　唐僧情感表现的张力结构

从图8可以看出，在三打白骨精这个场景中，唐僧内心的情感是呈正态分布的，即随着时间的推移（即广度），他内心的愤怒是愈来愈激烈的（即强度）。所以在故事的最后，唐僧内心的愤怒情感达到一个临界点，终于决定和悟空解除师徒关系，把他赶回花果山。所以，借助于叙述论符号学的张力结构坐标轴，就可以把唐僧内心抽象的情感变化用图示的方法直观地展示出来，这再一次说明叙述论符号学的基本结构是和图示化联系在一起的。

5 结语

通过对叙述论符号学基本结构的分析，我们可以看出，符号学的研究从根本上说是一种类似于数学的形式分析科学。从广义上讲，它可以被归入西方形式美学的范畴。从人类的经验事实中提取出抽象的模型和结构，实际上是预先假定不同个体之间存在某种共同的"形式"，符号学赋予自己的任务就是捕捉到这种不易察觉的"形式"。因此，我们就不难理解，为何符号学热衷于"内在性分析"（analyse immanente）。这里的"内在性"有两大含义。一方面，它指的是事物的"形式"是抽象的，人们从表面是察觉不到的，只能通过大量的"实质"提取出来。另一方面，它意在说明，"形式"是先验的，它永恒存在，并反复出现在话语之中。从这种思路出发，符号学所推崇的形式分析把文学话语视为独立的系统，排除它们和社会历史等外部因素的联系。这种做法一方面丰富了人们对于文学艺术的理性思考；但另一方面，由于它过多地局限于文本的"形式"，所以也难免受到西方文艺界特别是西方马克思主义思潮的批判。当然，这种情况已经不属于本文所探讨的范畴。

参考文献

［1］Fontanille, J. *Sémiotique et littérature Essais de méthode*［M］. Paris：PUF, 1999.

［2］Fontanille, J. *Sémiotique du Discours*［M］. Limoges：Pulim, 2016.

［3］Greimas, A. J. et J. Courtés. *Sémiotique. Dictionnaire raisonné de la théorie du langage*［M］. Paris：Hachette, 1993.

［4］Hénault, A. *Histoire de la sémiotique*［M］. Paris：PUF, 1992.

［5］Hénault, A. *Les enjeux de la sémiotique*［M］. Paris：PUF, 2012.

The elementary structures of French semiotics and their applications

Wang Tianjiao

(Tianjin Foreign Studies University)

Abstract: This paper clears up and introduces systematically the elementary structure of French semiotics, such as the binary structure, the ternary structure, the semiotic square and the tensive structure. The semiotics pioneered by A. J. Greimas regards "the interaction of different signs" as its research object, which is different from the semiology initiated by F. D. Saussure, whose research object is the static signs and their classification. Semiotics has already become the mainstream of French modern studies in this area, and the elementary structures constitute the theoretical basis of this research. Understanding the elementary structures will help us to know about the whole picture of French semiotics more accurately and more carefully.

Keywords: binary structure; ternary structure; semiotic square; tensive structure

作者简介

王天骄，法国索邦大学（巴黎第四大学）语言学博士，天津外国语大学语言符号应用传播研究中心特邀研究员、讲师。

尤里·谢尔盖耶维奇·斯捷潘诺夫的语言符号学思想综览

闫月明　陈　勇

摘　要：现代语言符号学基本上经历了从研究语言符号本身以及用符号学理论分析语言学问题到构建语言符号学理论体系的过程。作为俄罗斯语言符号学理论体系的最早探索者和重要奠基人，斯捷潘诺夫的语言符号学思想为俄罗斯符号学尤其是俄罗斯语言符号学的发展奠定了深厚的理论基础。全面梳理和系统论述斯捷潘诺夫在该领域的相关研究，对于国内语言符号学的理论建构具有重要的启示意义。

关键词：俄罗斯符号学　斯捷潘诺夫　语言符号学

1 前言

面向 21 世纪跨学科时代，可以大致将理论语言学家分为两大类：一类语言学家将语言学思想的成果"输出"到语言学之外，如在文艺学或哲学理论建构过程中运用语言学分析方法；另一类语言学家将数学、生物学、艺术符号学、理论文艺学等学科的新思想与理论结构作为启发式辅助（эвристическое подспорье）"引进"到语言学理论中。（Демьянков，2013：6）斯捷潘诺夫（Ю. С. Степанов，1930—2012）正是一位"引进型"学者，具有能够将已有学术思想引向新的主题和方向的独特天赋，特别是他从符号学的角度对语言、艺术、文化、诗学等多个领域的文本现象进行了深层次的思索和阐释。1971 年，斯捷潘诺夫所著《符号学》（Семиотика）一书出版，成为俄罗斯第一部符号学经典著作，对符号学的发展产生了深远影响。特别值得指出的是，作为俄罗斯语言符号学理论体系的最早探索者和重要奠基人，斯捷潘诺夫在其早期著作《名称、谓项、句子（符号学语法）》（Имена, предикаты, предложения: Семиологическая грамматика）（1981）、《语言的三维空间：语言学、哲学和艺术的符号学问题》（В трехмерном пространстве языка: Семиотические проблемы лингвистики, философии, искусства）（1985）、《现代语言哲学的语言与方法》（Язык и метод: К современной философии языка）（1998）和《语言的符号学结构》（Семиотическая структура языка）（1973）、《语言的符号学体系及科学语言在符号学体系中的地位》（Семиологическая система языка и место в ней языка науки）（1974）、《描写语言的符号学原则》（Семиологический принцип описания языка）（1976）等文章中系统概述了语言符号学的理论和观点，为俄罗斯符号学尤其是语言符号学的发展奠定了坚实的理论基础。

目前，国内学者对俄罗斯语言符号学的研究成果主要包括：王铭玉的《语言符号学》（2004）、《谈语言符号学理论系统的构建》（2007）、《现代语言符号学》（2013），陈勇的《从符号学与语言学的关系看语言符号学》（2009）、《篇章符号学：理论与方法》（2010）、《过渡期的俄罗斯符号学研究概览——以雅各布森与巴赫金的研究为代表》（2017），王永祥和潘新宁的《语言符号学：从索绪尔到巴赫金》（2011），赵爱国的《20 世纪俄罗斯语言学遗产：理论、方法及流派》（2012）、《俄罗斯符号学研究范式的百年流变》（2021），吕红周、单红的《斯捷潘诺夫的符号学思想阐释》（2014）等。这些研究成果对国内语言符号学的发展起到了积极的推动作用。但遗憾的是，学界对俄罗斯现代语言符号学的学术思想和理论方法，尤其是以斯捷潘诺夫的研究为主要代表的语言符号学理论思想的研究还较为鲜见。为此，本文尝试从符号学本体论、符号学认识论以及语言符号系统三个方面来把握和阐述斯捷潘诺夫的语言符号学思想，尤其是其描写语言的符号学原则和方法，以期为国内语言符号学的理论和方法探索提供参考。

2 语言符号系统在符号学中的地位

2.1 符号学的本体论

关于什么是符号学，斯捷潘诺夫在《现代语言哲学的语言与方法》（1998：19）中写道：符号学是一门有关自然与社会中符号系统的科学。在他看来，符号学的对象遍布各处：语言、数学、文学、个别文学作品、建筑学、住房设计、家庭组织、无意识过程、动物交际和植物生命。（陈勇，2010：6）斯捷潘诺夫对符号学的研究，是通过区分符号学和控制论两者的关系而展开的：静态（符号学）—动态（控制论）。他认为，控制论研究生命体、自然和社会中控制和通信的动态和定量方面，符号学研究其静态和定性方面……从这个角度来看，符号学和控制论之间的关系类似于字母（алфавит）和基于字母的写作（письмо）及阅读（чтение）之间的关系。（Степанов，1998：19）显然，斯捷潘诺夫的符号学思想延续了控制论、信息论的新科学传统，把符号学的对象定义为信息系统（或承载信息的系统），而这种系统的核心正是符号系统。

在谈到现代符号学的发展方向时，诸如生物符号学、民族符号学或文化符号学、语言符号学以及符号学与心理分析的结合研究，斯捷潘诺夫提出符号学对象进一步扩张的可能性——其一，他认为符号学已经开始向伦理学扩展，如对有关道德公理（моральный постулат）的符号学地位问题的探讨。（Постовалова，2012：50）其二，他将符号学原理引入语言的逻辑分析中，从概念分析的角度对符号学边界问题进行了较为全面的阐述，特别是将精神文化概念内涵阐释的边界和界限问题作为现代概念学的现实问题之一。在斯捷潘诺夫看来，我们对"信仰""爱情""真理"等精神文化概念的意义描写仅限于某种特征，而其背后是"一种无法描述，只有经历的某种精神现实"（Степанов，1997：76）。其三，斯捷潘诺夫建立了与宗教—神秘经验及其现实符号学理解相关的综合方向——宗教符号学，而且宗教符号学理论和方法论基础在他的新现实主义学说中得到了说明。（Постовалова，2012：51—52）然而，符号学研究对象的无限扩张导致符号学学科地位愈发不明朗。针对这种情况，斯捷潘诺夫试图为符号学确立新学科领域，提出了建立统一信息空间的符号学"新扩张"理论（теория «нового расширения» семиотики）的宏伟构想。这一构想最先在他的文化符号学研究中得到实现，提出了将符号学视为一门研究人类学的科学，升华至精神生活的观点。符号学对象的种种转变显示了学者对符号学卓有成效的探索和研究。

事实上，斯捷潘诺夫没有完全把符号学的定位看作服务独立学科（отдельная наука）的方法论。相反，他认为其主要任务是建立人类文化在语言、物质和精神方面的一般规律。正如斯捷潘诺夫所说："在确定各种符号系统的共同之处时，符号学使我们看到了语言、物质文化和精神文化结构原则的普遍联系。"（Степанов，1998：26）另外，斯捷潘诺夫建立了符号学的两个基本定律：①客观定律，主要表现在句法学领域；②主观定律，取决于观察者的位置，表现在语义学和语用学领域。（Степанов，1998：127）

符号学是斯捷潘诺夫在科学道路上不断探索与创作的中心领域，也是他在其他领域开展研究的基础。一方面，斯捷潘诺夫总结自己在语言哲学领域的研究时指出，《现代语言哲学的语言与方法》一书实质上是在符号学体系结构上构筑起来的。它遵循"所指、能指"二元对立及"语义学、句法学、语用学"和"系统、语篇、话语"三分法原理。另一方面，在文化符号学理论探索中，斯捷潘诺夫的关注焦点从文化符号化过程（семиозис）的形式本体层面转向内在精神根源（углубленно-духовное начало）层面，继而将它称作"内部的符号学"（Семиотика Внутреннего），用以理解"人的内在"或"人的精神"。（Кубрякова，2000：25）由此出发，斯捷潘诺夫甚至认为："符号学的诞生不仅是作为一种'符号的学说'，而且作为'内部'符号学……"（Степанов，2006：12）斯捷潘诺夫的符号学理论主要讨论了自然符号系统和语言中的哲学问题，他融合了索绪尔的能指与所指二分法和皮尔斯符号学的三分法路线，因而没有陷入符号二分或三分两者择一的困境。从整体上看，斯捷潘诺夫的符号学继承并发展了结构主义符号学思想，并在俄罗斯理论语言学的基础上逐步建立起了自己完备的理论体系和方法机制。

2.2　符号学的认识论

在讨论符号学的认识论地位时，斯捷潘诺夫（1971：78—79）确定了两个相互关联的方向。第一个方向是符号学方法（семиотический подход）在各个部门中的"专业化"，即在单个科学的学科相关领域构建部门符号学。斯捷潘诺夫认为，符号学的理论基础体现在不同的学科分支中，如生物符号学、民族符号学、语言符号学、抽象符号学等。"我们看到，在每个独立的科学领域中，主体、符号和概念之间的关系都各不相同，在语言学与数学中不尽相同，在日常生活与语言学中也略有不同。"（Степанов，1971：87）

由此,符号学认识论地位问题的关键点之一是符号模型的异质性（неоднородность）,符号模型在不同学科中以显性或隐性的方式呈现。尽管科学认知过程的符号特征合乎自然规律,但是在应用科学方法清单中常常找不到"符号学分析"方法。同时,与其他掌握现实（освоение действительности）的方式（直观,非理性,艺术性）不同,理性的认知方式必然涉及对现实进行建模,并通过对符号系统的构建来实现。事实上,任何科学的方法论都是以逻辑分析方法为基础,同时逻辑学又是一般科学方法论的重要组成部分。从某种意义上说,符号学类似于逻辑学……在分析人类思维结构和具体科学知识领域的特点时,不同科学领域的符号学规律并不具有普遍性,有时甚至为独立的科学知识分支,以避免遭受一种"质料的阻力"（сопротивление материала）。（Дейнека,2013：295—296）

第二个方向涉及一般符号学的发展,其研究主题是对部门符号学成果进行比较和归纳,分析不同符号系统如何体现抽象的语言关系、一般符号学规律和认识论问题等。因此,斯捷潘诺夫的符号学被理解为"符号学的认识论导论经验"或"认识论的符号学概论"。（Степанов,1998：35—36,20）据此,学者杰伊涅卡（Э. А. Дейнека,2013：294）总结说道,"现代符号学存在一系列可以称作符号学认识论的问题。一方面,这些问题与符号学在科学知识体系以及其他学科和科学分支体系中的地位有关。另一方面,这是符号学的基本认识论地位问题,这里涉及符号学是否作为一门独立的科学与实践学科（научно-практическая дисциплина）,是否看作其他科学范围内的相对普遍方法论,或者作为一种哲学知识领域的特殊'符号哲学'"的问题。

2.3 从符号学看语言符号系统

谈及符号学研究的主要对象,斯捷潘诺夫（1971）指出符号学的研究对象来源于生物学、心理学、民族学、社会学、文化史、艺术学和文艺学等不同领域,但是,他认为符号学的对象主要来源于语言学领域。斯捷潘诺夫从符号学角度对语言进行了系统的阐释,一方面,他承认语言蕴涵于符号系统的演化历程,语言最终也只是演化中的一个阶段。另一方面,他认为语言指的是心智意义和信息意义上的所有符号系统（Степанов,1998：15）。这一观点在他的《符号学》和《现代语言哲学的语言与方法》等著述中都有所体现。总的来说,斯捷潘诺夫对语言符号系统的探讨主要表现为以下三个方面。

第一,符号学和语言学的关系。20世纪的"语言学转向"促使斯捷潘诺夫将语言学视为发展符号系统科学的原始基体（исходная матрица）。关于符号学与语言学之间的关系,与索绪尔强调符号学对语言学的影响不同,斯捷潘诺夫更加强调语言学对符号学的影响。他在分析符号学作为一门科学和作为一门元科学的特征时,认为符号学的轮廓主要源自语言学,语言符号学本身就是普通符号学的原型。（Степанов,1971：81）

斯捷潘诺夫在《名称、谓项、句子（符号学语法）》（1981）一书中进而指出，语言的普遍性表现在一种泛时性的符号系统和结构的本质。

第二，语言结构或层级的新观念。斯捷潘诺夫在讨论抽象符号学、语言的抽象层级时提出了符号单元的抽象程度的方法论，通过举例说明语音单元和形态学单元之间的关系，继而确立了两者关系的原则，即"在具体层级上——类别是指集合，在抽象层级上——类别是指整体"（Степанов，1998：57）。按照这种层级原则，在句法中建构话语时，具体形态特征的词汇的相关宏观语义类别（概念和认知范畴的"物质载体"）包括较低阶的词汇类别，而句法元素（结构）的符号学意义仅仅表现在句法范式中，并在话语中突显出来。（Степанов，1998：136—137）

第三，范式（即内容）的三分法原理。斯捷潘诺夫在提及托马斯·库恩（T. Kuhn）的著作以及物理学、哲学领域的著作，特别是马克思·玻恩（M. Born）的著作时，将范式定义为"在某一特定时期占主导地位的语言观，与一定的哲学流派和艺术流派关联"（Степанов，1985：4）。他在莫里斯的符号三角理论基础上划分出三种范式：①语义范式（"名称哲学"），处理符号和命名对象之间的关系；②句法范式（"谓语哲学"），着重于符号之间的关系；③语用范式（"自我中心词哲学"），探讨符号与使用条件之间的关系，首先是语言/言语主体。换言之，符号学通过三个维度来对语言进行描写：语义学、句法学和语用学。（Степанов，1998：175）特别是在符号学语法中，斯捷潘诺夫认为符号学作为语言理论和元理论，它将语义学、句法学和语用学三个部门有机地结合起来。

3 语言符号学研究的原则和方法

斯捷潘诺夫在《描写语言的符号学原则》（1976）一文中明确提出了语言的符号学描写原则。该原则与结构主义原则和生成原则不同，倡导研究现实中可以观察到的语言事实，重新肯定了观察表现十分复杂、充满了矛盾性的具体语言的意义。（陈勇，2010：33）以符号学原则为基础，斯捷潘诺夫推出了所谓"符号学语法"。在符号学语法中，斯捷潘诺夫提出了从新视角探讨语义和句法的一般关系，即"话语句"（предложение-высказывание）。与篇章语言学不同，这里仍把话语句作为一个"句子"（предложение），而不是"话语"（высказывание）。在他看来，句子是一种结构图式或命题函项。简言之，句子作为一种类型（тип），它是符号学语法研究的原始对象。此外，语言的语义首先体现在句子中，句子之外的词典（大写的Словарь）中也体现了语义。符号学语法首先确定了句子的类型分类系统，名称和谓词是句子在词典中的抽象单位，进而建立了名称的分类系统和谓词的分类系统。因此，符号学语法即关于名称、谓词、句子分类以及语义学和句法学一般关系的理论研究。总的说来，符号学原则体现的是一种独特的语言观，由更为个别的原则和范畴来表现，其阐述的观念充分考虑到了语言对象本身的主客观特征。(陈勇，2010：34)另一方面，从理论原则上看，斯捷潘诺夫的符号学描写原则关注语言中的个性现象，重视语言、思维和现实三者间的关系，重视语言的交际层面。(陈勇，2010：35—36)他在符号学语法论著中系统阐述了描写语言的符号学方法，可以简单概括为以下三个方面。

3.1 形式化（формализация）

20世纪，形式化在某种程度上处于与阐释（интерпретация）对立的状态。按照斯捷潘诺夫的观点，形式化和阐释的对立与普遍规律和历史主义的对立相关联。在这里，历史主义总是属于阐释领域：如果说形态学是关于语言中民族特征和历史变化的学说，那么在语义和句法中普遍规律占主导地位，它属于演化规律。但在具体的历史语言中如何呈现这些规律，由它自身的系统和历史决定。(Степанов，1981：6)在他看来，最大形式化（максимальная формализация）一方面强调了自身的现实性，即"这里和现在"（здесь и теперь），以及对"现在"的痴迷；另一方面确定了自身的普遍性，"现阶段，泛语言最普遍的、一般规律被揭示……"(Степанов，2007：5)此外，最大形式化更好地解释了斯捷潘诺夫所主张的生成语法与符号学语法相互对立的观点："将语言理解为一种符号系统并不意味着这个系统是一个独立、明确的符号集合。在对语言的理解上，符号学语法不同于生成语法，符号学语法是将语言定义为范畴和规则的集合体。"(Степанов，1981：8)而符号学语法研究的形式化指的是与"数理逻辑学"的关系，也就是用数学逻辑学的相关原理或模型对语法作出分析（赵爱国，2021：501）：它采用数理逻辑学的基本原理或将句法单位（名称、谓词、句子）变成"客体—语言"即"元符号"，或通过抽象方法改变上述句法单位的意义，并使之成为所谓的"A－语言"。该两种形式化方法就使一般意义上的语法研究分别走向"元理论"（метатеория）和"外延论"（эпитеория），从而就生成了"符号学语法"学说。(赵爱国，2021：502)

3.2 导入和消除抽象（введение и исключение абстракций）

符号学语法研究的方法论是指语言表达方式的相互替换和转换。在这一过程中，相对于不同的表达而言，"所指"或"意义"是不变的。例如，Иван купил козу у Петра（伊万从彼得那里买了一只山羊）— Петр продал козу Ивану（彼得把山羊卖给了伊万）。这些替换和转换统称为抽象方法（метод абстракции），它们是不同的符号替换类别，换言之是导入和消除抽象。符号学语法充满了这样导入和消除抽象的操作，斯捷潘诺夫认为这种抽象化的方法与符号学语法的本质相关。(陈勇，2009：11)另外，在符号学语法视角下，风格（стиль）指的是用举例说明（экземплификация）来消除抽象。举例说明指在具体的、完整的且合理的形式化系统内引入例证。换言之，举例说明是一种消除抽象的方式，用于个别的、实际上重要的情况。如果引入抽象被认为是构建符号学理论的主要任务，那么消除抽象则是理论在实践中的适切性表现。

3.3 心理现实性（психическая реальность）

在斯捷潘诺夫看来，任何语言学理论都涉及其研究客体的心理现实性。就像与逻辑的关系，他试图确定心理学家描写的符号学范畴和心理现实性体系的相似现象（аналог）。从这个意义上讲，心理现实性（психическая реальность）问题被简化为心理学的现实性（психологическая реальность），以及心理学或心理语言学的客体现实性问题。符号学方法的心理学论据引入了范畴和命题结构这两个概念，正如斯捷潘诺夫（1981：42）所指出的，"与符号学语法理论观点相近的是皮亚杰及其代表学派的心理学理论，即所谓的功能心理学或遗传心理学，该学派对逻辑范畴和结构的起源问题做了详细论述"，为描写语言的心理现实性研究提供了重要理论依据。

4 结语

作为当代俄罗斯符号学领域的领军人物，斯捷潘诺夫将符号学视为符号系统科学与控制论、生物论、人文科学和认知科学相结合，提出了符号学作为内部符号学说的构想，展示了现代符号学作为与认知科学和人文科学密切相关的一般认识论科学。在阐释符号学的认识论时，一方面符号学方法论建立在现代学科和跨学科发展的基础上；另一方面表现在对部门符号学理论成果进行比较和归纳的研究风格。斯捷潘诺夫致力于构建语言符号系统的结构、层级和内容层面，通过形式化、导入和消除抽象、心理现实性的方法来描写语言的符号学原则，主张对作为符号系统的语言进行现实性描写，并在此基础上构筑了符号学语法理论体系。应该强调的是，斯捷潘诺夫的语言符号学思想在语言学界产生了广泛而深远的影响，值得我们进一步探讨和研究。

参考文献

［1］Дейнека Э. А. Пистемологические проблемы семиотики и варианты их решения в работах Ю. С. Степанова ［A］. Демьянков В. З., Азарова Н. М., Фещенко В. В., Бочавер С. Ю. *Языковые параметры современной цивилизации* ［C］. М：Институт языкознания РАН, ИП Шилин И. В. (*Эйдос*), 2013：294 – 302.

［2］Демьянков В. З. Синтактика, семантика и прагматика в научном творчестве Ю. С. Степанова ［A］. Демьянков В. З., Азарова Н. М., Фещенко В. В., Бочавер С. Ю. *Языковые параметры современной цивилизации* ［C］. М：Институт языкознания РАН, ИП Шилин И. В. (*Эйдос*), 2013：6 – 8.

［3］Кубрякова Е. С. Краткий очерк научной деятельности ［A］. *Юрий Сергеевич*

Степанов. Материалы к библиографии ученых ［С］. М. : Наука, 2000 : 7 – 25.

［4］ Постовалова В. И. Символ и реальность （семиотические воззрения и опыты Ю. С. Степанова） ［J］. *Критика и семиотика*, 2012 （17）: 48 – 63.

［5］ Степанов Ю. С. *Семиотика* ［М］. М. : Наука, 1971.

［6］ Степанов Ю. С. Семиологический принцип описания языка ［А］. *Принципы описания языков мира* ［С］. М. : Наука, 1976 : 203 – 281.

［7］ Степанов Ю. С. *Имена, предикаты, предложения : Семиологическая грамматика* ［М］. М. : Наука, （1981） 2007.

［8］ Степанов Ю. С. *В трехмерном пространстве языка : Семиотические проблемы лингвистики, философии, искусства* ［М］. Изд. 1. 1985. Изд. 2 – е. М. : Книжный дом *ЛИБРОКОМ*, 2010.

［9］ Степанов Ю. С. Константы : Словарь русской культуры : опыт исследования ［Z］. М. : Академический Проект, 1997.

［10］ Степанов Ю. С. *Язык и Метод : К современной философии языка* ［М］. М. : Языки русской культуры, 1998.

［11］ Степанов Ю. С. Семиотика, философия, авангард ［А］. *Семиотика и Авангард : антология* ［С］. М. : Академический Проект, 2006 : 5 – 32.

［12］ 陈勇. 从符号学与语言学的关系看语言符号学 ［J］. 中国俄语教学, 2009, 28 （3）: 7 – 13.

［13］ 陈勇. 篇章符号学 : 理论与方法 ［М］. 哈尔滨 : 黑龙江大学出版社, 2010.

［14］ 赵爱国. 俄罗斯符号学研究范式的百年流变 ［М］. 北京 : 北京大学出版社, 2021.

A Survey of Stepanov's Linguistic Semiotics

Yan Yueming   Chen Yong

（Information Engineering University Luoyang Campus）

Abstract : Modern linguistic semiotics has basically gone through a process from studying linguistic signs and analyzing linguistic problems with semiotics theory to building a theoretical system of linguistic semiotics. As the earliest explorer and important founder of the theoretical system of Russian linguistic semiotics, Stepanov's linguistic semiotics thoughts laid a solid theoretical foundation for the development of

Russian semiotics, especially Russian linguistic semiotics. Comprehensively sorting out and systematically discussing Stepanov's related research in this field has important implications for the theoretical construction of domestic linguistic semiotics.

Keywords： Russian semiotics; Stepanov; Linguistic semiotics

作者简介

闫月明，女，信息工程大学洛阳校区博士研究生。研究方向：语言符号学、认知语言学等。

陈勇，男，信息工程大学洛阳校区教授、博士生导师。研究方向：语言符号学、篇章语言学、语言哲学等。

"激情"与"动作""认知"的互动关系
——以"好奇心"为例

张彦梅

摘　要：在言语活动游戏中，存在三个维度：语用维度，涉及"动作（action）"①的转换；激情维度，涉及行为者的体感存在和张力；而认知维度则涉及言语活动的能力，即在话语中对"知"的操纵。但是，需要注意的是，这三个维度并不独立存在，而是作为言语活动的三种视角，在相互交错的催化作用下捕捉和理解意指。由此，本文将以"好奇心"——"想要—懂得"（vouloir-savoir）这两种模态作用下的特殊情感为例，分析主体在公共生活和私人生活的不同情境中与其求知对象——"真理"或者"真实"的关系。比如，对科学探索的求知欲与"八卦"的好奇心截然不同，但是"好奇"的触动机制似乎和主体与对象之间的"不稳定"或"不确定"的关系相关。因此，"好奇心"一直处于动态中并潜在性地衍生出其他情感和行为，在这个过程中既存在各行为者（actant）之间（即主体与对象之间，主体与主体之间）的互动，也存在"激情"与"动作""认知"的互动。

关键词：激情　动作　认知　互动　好奇心

1 前言

　　自20世纪80年代开始，以格雷马斯为代表的巴黎符号学派开始从叙述论符号学研究转向以"模态"（modalité）理论为基础的激情符号学研究，标志性著作是与丰塔尼耶（Fontanille J.）合著的《激情符号学》（*Sémiotique des passions*，1991）。在此基础上，后格雷马斯时代围绕激情符号学的研究也越来越丰富，比如丰塔尼耶（Fontanille J.）和齐勒贝尔伯格（Zilberberg Cl.）的"张力"（tension）研究、朗多夫斯基（Landowski E.）的"互动"（interaction）②研究，以及巴索（Basso P.）关于符号学生态中意义的感知与管理研究③等。当代法国符号学学者们正在试图日益完善激情符号学的理论体系。那么，"激情"在构建意指的言语活动中扮演何种角色呢？

---

① 法语"action"强调的是过程，也就是动作的过程变化。因此，文章中所翻译的"动作"指的是"动作过程"。

② 朗多夫斯基四个典型的互动机制：编程、操纵、调节和意外。编程基于规则性，操纵是以意向性为导向，调节基于感觉来衡量情感的交互，意外是无规则性占主导地位。参见 Landowski E. *Passions sans nom*. Paris：Presses Universitaire de France，2004.

③ 参见 Basso Fossali，Pierluigi. *Vers une écologie sémiotique de la culture：Perception，gestion et réappropriation du sens*. Limoges：Lambert-Lucas，2017.

2 "动作"、"激情"和"认知"的互动

在言语活动中，存在三个维度，即语用维度、激情维度和认知维度。三者在概念上既相互区别又相互影响。但无论是"动作"还是"激情"和"认知"都涉及意指的变化。通过"动作"可以掌握行为者初始状态和最终状态的变化，通过"激情"可以掌握行为者在事件发生时"在场"（présence）体验的变化，而"认知"则是在探索过程中掌握行为者的认知变化。

2.1 动作

首先，"动作"属于语用维度，在叙述论符号学中可以通过标准叙述图示（canonical narrative schema）来理解。标准叙述图示包括四个阶段：操纵（manipulation）→能力（competence）→运用（performance）→确认（sanction）。简言之，行为者 A 会在行为者 B 的操纵下，借助能力实施某种动作，最后确认与其目标对象的关系。但需要注意的是，并不是所有的叙述必须同时具备这四个阶段，但"能力"和"运用"阶段却是状态和作为转换的必需。可以看出，"动作"是完成初始状态与最终状态转换的行为过程，行为者通过"动作"完成了身份的转换，比如主体通过施行有效动作完成了从贫穷到富有的转换。

在日常生活中，初始状态往往可能是混沌且复杂的，行为者会因为事件的偶然性发生多种可能性命运。但是，行为者的初始状态是否不可辨认呢？此时，标准叙述图示便可以发挥作用。借助标准叙述图示的四个阶段实行逆向推演，也就是通过最终状态的结果可以尝试推断行为者的意图。具体来说，观察者在观察到行为者的最终状态时，会推断是怎样"运用"动作而导致的，而行为者又为了"运用"动作具备了怎样的能力条件。通过这样一步一步地追溯，主体实施动作的意向性（intentionnalité）就会渐渐显现。这个过程犹如侦探一般，不断试图接近案件的真相。换句话说，这是从一个观察者角度以事件结束为条件去分析涉事行为者的真实状态，不断抽丝剥茧试图探索混沌复杂的初始现象。

但是事实上，对于涉事行为者主体本身而言，他既可以是自己行为的观察者，也可以是自己行为动作的信息预言者和规划者。因为目标对象一旦明确，又或许是未被明确的目标对象，主体也会根据阶段性的倾向实施一定的战略性动作。这时，主体同样可以根据标准叙述图示的逆推来设计规划自己的动作。具体来说，如果主体想要实现目标，动作过程便需要规划，实现既定规划的动作也需要达到一定的能力条件。此时，主体的前瞻性规划便必然涉及他对目标对象的认知判断力，即认知维度。当然，并不可能所有的都按照计划发展，会出现意外事件，也就是在面对周围环境的变化时，主体的控制力便会受到挑战，比如情感的侵入，即激情维度发生变化。诚然，"动作"与"激情"和

"认知"的互动性嵌入并不是必然，比如主体按照特定指令完成任务，就像机器可以既没有认知也没有情感但能通过程序代码完成材料收集任务。但是，人类作为有思想的生物，所生活的世界远远要更复杂。总之，在言语活动游戏中，既存在某一主体的"动作"与"认知"和"激情"三种维度的互动（比如"劝说"这一行为，便是语用维度与激情维度和认知维度共同作用下的结果），也存在行为者之间的互动，比如互动过程中需要从认知角度辨认主体与其目标对象是合取还是析取关系，主体与主体之间是对手还是伙伴关系。

2.2 激情

在激情符号学研究中，基本核心的概念便是格雷马斯提出的五个模态，即"想要"（vouloir）、"应该"（devoir）、"能够"（pouvoir）、"懂得"（savoir）和"相信"（croire）。需要注意的是，激情中的"模态"与叙述图示中"能力"阶段的模态有区别之处。叙述图示中的"能力"，其模态是"借助模态动词修饰另一个谓语动词，以改变操作主体的行为"（张彦梅，2021：174）。激情中的模态，表示某种激情的构成部分。比如，"小明有社交恐惧，他想离开聚会"。此时，恐惧作为一种情感，在与他人交际时便体现出"不想要"和"不能够"（社交）这两种激情模态。他"想离开"的"想要"仅仅是修饰"离开"这个动作的模态动词，并非情感本身，而是激情作用下的结果，也就是激情影响了主体的能力。但是反过来观察，仅仅"不想要"和"不能够"这两种模态组成就一定是社交恐惧吗？显然不是，因为还存在"自卑"情感的可能性。因此，单纯从"模态"的构成来定义某种激情是不够的。于是，丰塔尼耶和齐勒贝尔伯格发展了激情的"张力"研究。张力包括"强度"（intensité）和"广度"（extensité）两个方面，它们可以作为激情的显现指数，来标记激情的转换。但是，如何具体解读张力呢？

丰塔尼耶在其著作《话语符号学》（Sémiotique du discours，1998）中，具体对激情张力的辨认总结了与"可感觉"（sensible）相关的"身体编码"（指身体自身的张力度，比如握紧拳头）和"形象编码"（指想象构成成分上的张力度，比如玫瑰花这一形象可以增加爱的氛围感）。这两个编码便涉及可以感觉到的目标倾向和强度。丰塔尼耶也总结了与"可解读"（intelligible）相关的"模态编码"（指各种模态的张力度）、"视角编码"（指行为者结构上的张力度，比如某一行为者是对手视角还是助手视角）、"节奏编码"（指体态形式上的张力度，比如时间的频率）。此时便涉及内容范围和数量。因此，一种激情便可以从内在和外在表现上实现了被解读的可能。

由此，对于某一激情主题的分析，可以从模态构成和张力显现两个方面进行探究。比如，"冲动"这一激情，其模态构成可能是两种模态，也可能是三种或者四种模态，这便需要在具体话语中观察哪种模态占据主导位置。但是，"冲动"的基本模态构成可以确定为"想要"和"能够"这两个模态。当然,"冲动"有时是因为缺乏思考,即"不懂得"模态在发挥作用,有时是因为违背某种范围所规定的责任,即"不应该"模态占据主体的统治位置。显然,为了更加明确"冲动"这一激情,还需要在其张力显现上进行分析。比如,通过身体的表现(比如双拳挥动、青筋暴起等)可以观察冲动的强度大小,通过节奏的体态变化(比如主体年幼时容易遇事冲动,青年时期不易冲动)观察冲动的频率多少等。总之,丰富的激情研究来源于具体的话语中,而为了明确主体的激情身份既需要分析其模态构成,还需要明晰主体在与对象或环境的激情互动中强度和时空范围的显现。

2.3 认知

那么,言语活动中的认知维度又是如何把握意义呢?简言之,主体的认知可以通过学习、观察或者想象来探索发现新的知识。换言之,主体可以基于对比参照(比如基于前后信息内容的不同、真实与想象世界的不同),来评判所产生的认知变化。这种对比结果可能是关联体,也有可能是分离体等。

在认知维度中,同样涉及"模态",但主要是"懂得"和"相信"这两种模态。此时,"懂得"和"相信"不仅仅是模态叙述句法中的模态动词,它们还是"主体"的价值对象,是符号过程中意义符号的占有者。但两者存在区别,根据格雷马斯的著作《论意义 II》(*Du sens II*,1983)中的观点,"相信"是先于并包含"懂得"的。"懂得"只涉及评断认知对象与其他认知对象的区别与联系,而"相信"融合了认知层面和情感层面。(Fontanille,1987:56)也就是说,"当主体辨认懂得的时候,不仅会选择认同或者是融合,也可能会对其产生怀疑或者分离"(张彦梅,2021:175)。比如宗教信仰,信徒相信和尊崇信条并以敬仰之情传播其信条,此时认知对象——教条不再只是"懂得"的内容,它也被融入信徒的情感成为一种"相信",最终确保了信息传递的稳定性。

但是,认知又是通过何种形式被主体观察呢?

根据雅克·热尼纳斯卡(Jacques Geninasca)在其著作《文学言语》(*La parole littéraire*,1997)中提出的关于意指"获取"(saisie)的三种美学视角,丰塔尼耶将其运用于对认知维度的研究,认为"'获取'是认知逻辑的基础行为"(Fontanille,1998:225)。这三种视角的"获取"分别为:"摩尔质量式获取"(saisie molaire)、"语义获取"(saisie sémantique)和"印象获取"(saisie impressive)。

首先摩尔质量式获取,基于"外在形象"(figure)、"概念"(concept)以及"指涉对象或参照物"(référent),可以进行推论以发挥信息价值的作用。但需要注意的是,在一个事先设定的系统中,并不会提供任何客观中立性的认知,也就是主体需要确认将要生效的"懂得"是否与在一定的社会文化框架下生成的、已经建立的某一概念是一致的。其次，关于语义获取，它是指在话语中构建对等或相关的双边关系。正如比喻修辞一样，可以在想象的控制下产生图像，进而对话语进行修饰，以产生美学价值和象征价值，甚至是神话价值。而印象获取，它与感知相关，是变化的活力源泉。它作为前两种"获取"的过渡，通过即时获取的印象感觉掌握形式和价值，进而把握整体。它在质疑或终止通过摩尔质量式获取的常规性观点（vision conventionnelle）的同时，也为语义获取的美学观点作了准备。①

　　为了更好地理解以上三种获取，以"冲浪"事件为例。对于"冲浪"的认知，观察者在不知其为何物的情况下，会借助字典等工具获取概念认知，也会借助"海滩冲浪"这一场景作为认知的参照物，此时涉及的便是"摩尔质量式获取"。对于"冲浪"的认知也会通过海浪上自由扬帆的感觉实现"印象获取"。但是，这种"印象获取"可以为美学价值和象征价值做准备。比如通过"网上冲浪"来形容"上网"带给人自由便捷的感觉，此时便实现了从"印象获取"到"语义获取"。而在这三个"获取"的基础上，丰塔尼耶还提出了第四种获取形式，即"技术获取"，很明显这是对认知对象采取科学性和技术性形式，以破除其神秘性。

2.4　互动类型

　　"激情"、"动作"和"认知"不只活跃在单一孤立的维度中，因为在具体的话语中，它们会存在相互交叉和相互渗透，意指由此而变得丰富且复杂。于是，丰塔尼耶将复杂的相互渗透，用可观的分析模式来表达，即［TypeA1-TypeB-TypeA2］。② 其中，A1为初始状态，A2为最终状态。为了更好理解它，笔者将这个模式理解为：因为 B，A1转变为 A2。因此根据排列组合，这三个维度存在以下六种基本渗透模式。

　　（1）认知 1—动作—认知 2（congnition1-action-cognition2）

　　在这个模式中，通过实施"动作"可以改变行为者的认知。比如"学习"这个过程，认知便是从"无"到"有"的转变。

　　（2）动作 1—认知—动作 2（action1-cognition-action2）

　　此模式中，主体为实现目标，通过分析，也就是启用了认知策略，而选择了更利于目标实现的"动作"。

　　（3）认知 1—激情—认知 2（cognition1-passion-cognition2）

　　在此模式中，认知因为激情的侵入发生了变化。正如前面所讲到的，"懂得"在加入情感之后，变成了"相信"。

---

① 关于三种"获取"的观点，参见 Fontanille, J. *Sémiotique du discours.* Limoges：Presses Universitaire de Limoges, 1998：225 – 233.
② 文中以此种模式构建的六种组合形式，参见 Fontanille, J. *Sémiotique du discours.* Limoges：Presses Universitaire de Limoges, 1998：234 – 235.

（4）激情1—认知—激情2（passion1-cognition- passion2）

反过来，激情也会因为认知发生变化。比如认知到自己所相信的都是谎言和欺骗，那么欣赏或者敬仰的情感就会演变成憎恶。

（5）激情1—动作—激情2（passion1-action-passion2）

显然，某种动作的实施也会引起激情的变化。比如身体有缺陷的行为者，通过锻炼实现人生梦想，那么他之前的自卑可能就会变为自信或荣耀。

（6）动作1—激情—动作2（action1-passion-action2）

同样地，激情也会促使动作发生变化。比如主体遇到困难，但坚强不屈不挠，可能就会扭转乾坤。

也许会疑问，为什么没有同时出现三种维度的互动呢？其实，如果将这六种基本模式组合在一起便是三种维度的复杂性互动。比如（2）和（3）结合，即动作1—认知1—激情—认知2—动作2。用具体实例来说明：考试将近，李华起早贪黑地学习（动作1）。因为他懂得好好努力复习才会取得好成绩（认知1）。但是强压之下导致他很焦虑（激情），为了解决焦虑问题进行了自我省察，最终他认为只有劳逸结合才可以更有效率（认知2）。于是他在学习之余也会做运动（动作2）来放松减压。

当然，这只是日常生活中的普通例子，生活境遇远远要更复杂。因此，接下来将以生活中处处存在的"好奇心"这一激情主题为例，观察行为者之间多维度地互动。

3 "好奇心"的浅析

3.1 "好奇心"的词素分析

这是什么？为什么是这样？怎样产生的？又会产生多大的影响？好奇心好像是在串联人生的逻辑。著名哲学家大卫·休谟（David Hume）在其著作《人性论》关于《论好奇心或对真理的爱》中指出"好奇心"的特殊性，并认为它是人性中的根源。单从"对真理的爱"来看，可以看出两方面的意义蕴含：一是好奇心是一种激情，操纵着与其价值对象合取的"爱"之愿望、"爱"之动力；二是好奇心的价值对象是"真理"。

显然，"好奇心"是关于"爱"的激情。因此，基于上述所讲的激情维度，首先其模态构成包括"想要"，而通过其价值对象——"真理"，可知其模态还包括认知——"懂得"，即"想要—懂得"。另外，关于其激情张力显现，强度方面是指在具体话语中看价值对象相对主体而言的吸引力大小；而对其广度的衡量，则涉及主体对价值对象的时空与数量的范围探究。从时间的范围来看，主体既有可能对过去已发生的事件好奇，也有可能对现在正发生的事件好奇，还有可能对将来未发生的事情好奇；从空间的范围来看，主体既有可能对公共空间好奇，也有可能对私密生活好奇。因此，"想要—懂得"两种模态会在强度和广度的共同作用下，明确话语中主体与其对象的关系。

另外，"好奇心"的价值对象是"真理"，而"真理"也可以延伸地被解读为"真实"或者"真相"，此时便涉及关于叙述的"诚信"问题，也就是借助诚信矩阵确认某一陈述的"真实""虚假""谎言""秘密"问题。而关于诚信矩阵，则是通过外在"显现"（paraître）和内在"存在"（être）来判断的，可以借助符号学矩阵（见图 1）具体来看。

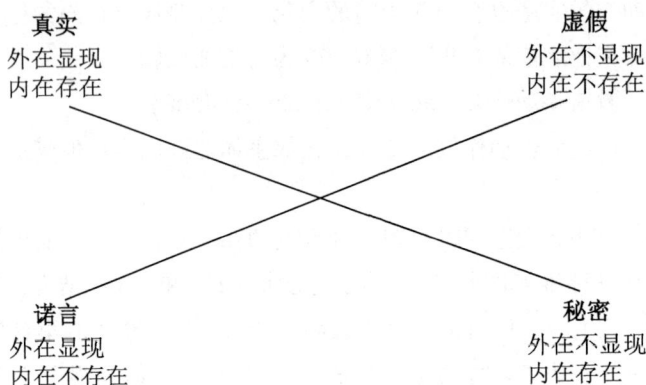

真实　　　　　　　　　　　　　　　　　　　　虚假
外在显现　　　　　　　　　　　　　　　　　　外在不显现
内在存在　　　　　　　　　　　　　　　　　　内在不存在

谎言　　　　　　　　　　　　　　　　　　　　秘密
外在显现　　　　　　　　　　　　　　　　　　外在不显现
内在不存在　　　　　　　　　　　　　　　　　内在存在

图 1　诚信矩阵

此时，便涉及主体对"懂得之对象"的判断，也就是某件事会引起主体的怀疑、确定、拒绝和承认。比如听说邻居行为不端，但这与主体日常所认知的并不一致。此时便触及主体所"相信"的，由此主体为了证实其真实性会启动好奇心完成对诚信矩阵的确认。

但是，需要进一步逆向思考的是，对于"真理"的探索就一定是"好奇心"的驱使吗？显然不是，也有可能是因为责任。休谟曾说："我们并不是对每一个事实都有一种求知的好奇心。"（休谟，1980：492）这显然与"事实"，也就是价值对象的特性有关。这种特性必然是相对于激情主体而言的愉悦与痛苦，这便涉及刚才所谈到的"爱"。在《人性论》中，休谟指出："使真理成为愉快的首要条件，就是在发现和发明真理时所运用的天才和才能。任何容易的明显的道理永远不被人所珍贵……一个观念只要以充分的力量刺激我们，并使我们对它极为关心，以致使我们对于它的不稳定性和易变性感到不快，那就足以刺激起好奇心来。"（休谟，1980：492）因此，好奇心的价值对象需要具备"模糊性"和"不稳定性"。休谟还提到：

> 我们所发现的真理必须还要有相当的重要性。研究的快乐主要在于心灵的活动，在于发现或理解任何真理时天才和知性的运用。如果需要真理的重要性来补足这种快乐的话，那也不是因为真理的重要性本身使我们的快乐有多大的增加，而只是因为它在某种程度上被需要来固定我们的注意。当我们漫不经心或不注意时，知性的同样活动对我们就没有影响，也不足以传来我们处于另外一种心情中时由这种活动所可能得到的那种快乐。（休谟，1980：489）

可见,"真理"并不是因为它本身具有的"普世客观价值",比如"稀奇""罕见""效用"而引起主体的好奇,它必须是相对于主体而言的"重要性""吸引力""兴趣"。因此,好奇心的价值对象需要具备相对主体而言的"特殊性"。

基于以上词素性观察,笔者试图归纳"好奇心"的符号学定义,即好奇心是主体在面对不稳定的"相信"时所表现的"想要—懂得"真相的激情。

3.2 "好奇心"的相关激情

根据格雷马斯的符号学矩阵,同样可以构建以"好奇心"(想要—懂得)为基础的符号学矩阵(见图2)。

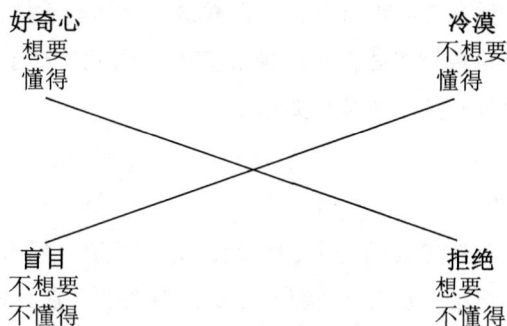

```
好奇心                      冷漠
想要                       不想要
懂得                       懂得

            ╲         ╱
              ╲     ╱
                ╳
              ╱     ╲
            ╱         ╲

盲目                      拒绝
不想要                     想要
不懂得                     不懂得
```

图 2 "好奇心"的符号学矩阵

从符号学矩阵中,可看出"好奇心"与"不想要—懂得"的"冷漠"对立,即对任何事物都没有兴趣;而"想要—不懂得"的"拒绝"是"好奇心"的矛盾项。它的前提是已经"懂得",却处于"想要—不懂得"的矛盾与无奈之中,进而表现出拒绝;"不想要—不懂得"的"盲目"是"好奇心"的补充项,也就是其他主体"想要—懂得"而主体不想不懂得,但是主体没有目的性,不是因为价值对象对自己的吸引力而好奇,完全是因为他人的好奇而好奇。这便属于一种从众心理,是一种盲目的好奇心。

以上仅仅是借助模态构成进一步明确了"好奇心"的相关项。但是,还需要进一步明确好奇心的张力。通过词素分析可以观察到,好奇心受价值对象的特殊性牵引,也就是说好奇心与其价值对象的张力关系决定了好奇心的强弱。主体之所以会产生好奇,是因为价值对象与主体所拥有的经验或想象之间形成了对比,对比的差距距离越大,主体对这种时空和数量上的变化就会越好奇。换句话说,主体认知的空白或者部分缺失会更加激发"想要—懂得"的好奇心。此时,"好奇心"会和"惊愕"相近,因为当面对新奇事物会形成自我比较之后的窘境或者想象的无力感;"好奇心"也可能会和"欣赏"相近,因为当发现新奇且伟大的事物时,很容易对其"欣赏"甚至是"尊重"。

那么,在产生对比差距之后,主体必然会在好奇心的驱使下进行诚信矩阵的确认。正如前文对词素分析中所指出的那样,好奇心会确认不稳定的"相信"。可见,好奇心具有"能够"的能力，可以促使主体实施动作，以实现认知的转换。而最终的确认结果，可能会衍生其他相关情感。比如心理预期和最终确认的对象一致会满足但也有可能会觉得无聊；而如果最终确认的对象低于心理预期可能会失望或者自卑；若最终确认的对象高于心理预期可能会惊喜或者是骄傲。显然，好奇心的探索过程中，总会存在激情之间的相互刺激与互动。

但是，在这差距对比过程中，主体需要理性的调节控制，因为时空和数量都是有范围限度的，而其限度是在某一民族、文化或社会伦理道德中规定的。比如通常来说我们对公共生活的好奇是合理且被允许的，但是对他人私密生活的好奇或者对陌生人从头到尾的目光追随都是时空和数量上的越界，此时便涉及好奇心的非合理性，由此主体间交际会面临挑战。当然，好奇心的张力也会存在减退，比如当主体经常体验稀奇的事情，会因为日常的习惯而觉得单调乏味以至于终止好奇。因此，对于"好奇心"的探讨不仅与主体本身相关，它也有关于社会与文化。

3.3 话语中的"好奇心"

话语中的符号学，其陈述活动会更加活跃，所以对于"好奇心"的分析应当超越词汇性描述。因为在话语中，意义不再具有广泛的概括性，它面对的是具体的文化社会环境，而激情也会在具体的话语中出现新的张力元素，会在一定的社会文化框架中被置于善恶、美丑的道德评判中。

因此，笔者将试图通过《红楼梦》中的"贾宝玉"来具体阐释"好奇心"。

首先，《红楼梦》中第三回，贾宝玉初见林黛玉的场景。

宝玉看罢，因笑道："这个妹妹我曾见过的。"贾母笑道："可又是胡说，你又何曾见过他？"宝玉笑道："虽然未曾见过他，然我看着面善，心里就算是旧相识，今日只作远别重逢，亦未为不可。"贾母笑道："更好，更好，若如此，更相和睦了。"宝玉便走近黛玉身边坐下，又细细打量一番，因问："妹妹可曾读书？"黛玉道："不曾读，只上了一年学，些须认得几个字。"宝玉又道："妹妹尊名是那两个字？"黛玉便说了名。宝玉又问表字。黛玉道："无字。"宝玉笑道："我送妹妹一妙字，莫若'颦颦'二字极妙。"探春便问何出。宝玉道："《古今人物通考》上说：'西方有石名黛，可代画眉之墨。'况这林妹妹眉尖若蹙，用取这两个字，岂不两妙！"探春笑道："只恐又是你的杜撰。"宝玉笑道："除《四书》外，杜撰的太多，偏只我是杜撰不成？"又问黛玉："可也有玉没有？"众人不解其语，黛玉便忖度着因他有玉，故问我有也无，因答道："我没有那个。想来那玉是一件罕物，岂能人人有的。"宝玉听了，登时发作起痴狂病来，摘下那玉，就狠命摔去，骂道："什么罕物，连人之高低不择，还说'通灵'不'通灵'呢！我也不要这劳什子了！" 吓的众人一拥争去拾玉。贾母急的搂了宝玉道："孽障！你生气，要打骂人容易，何苦摔那命根子！" 宝玉满面泪痕泣道："家里姐姐妹妹都没有，单我有，我说没趣；如今来了这们一个神仙似的妹妹也没有，可知这不是个好东西。"（曹雪芹，1996：49—50）

节选中，根据 "这个妹妹我曾见过的" 和 "未曾见过他"，可见贾宝玉 "心中所想" 与 "实际" 之间存在着矛盾差距，这种因感知产生的认知距离激起了贾宝玉的好奇心。于是，"细细打量" 并接连提出问句 "可曾读书" "尊名是那两个字" "可也有玉没有"。这些都是好奇心的直接表现，可见 "想要—懂得" 的强度大且数量之多，贾宝玉对林黛玉的好奇心极强。在询问之后，林黛玉对 "可也有玉没有" 的回答，引起了矛盾点。因为林黛玉的回答确认了贾宝玉的 "心理预期" 或 "猜想" 与 "现实对象" 的不符，导致他的 "痴狂病"。贾宝玉在这一叙事中经历了喜悦→好奇心→询问→证实确认→愤怒→摔玉，最终引起大家的慌张。在这个过程中，显然 "激情" 与 "动作" 和 "认知" 之间是相互影响的，并且可观察到 "玉" 这一价值对象的特性是引发激情冲突的关键。因为对于贾宝玉而言，他内心相信拥有 "玉" 是平等的，但是确认 "神仙似的妹妹也没有" 之后，他的 "相信" 便断裂了，因此愤怒摔玉。而对于其他人来说，都懂得 "玉" 为贾宝玉的命根子，若摔玉便是摔命根子，大家的焦急和慌张就不言而喻了。

再看第七回，贾宝玉对 "爬灰" 的好奇。

焦大越发连贾珍都说出来，乱嚷乱叫说："我要往祠堂里哭太爷去。那里承望到如今生下这些畜牲来！每日家偷狗戏鸡，爬灰的爬灰，养小叔子的养小叔子，我什么不知道？咱们'胳膊折了往袖子里藏'！"众小厮听他说出这些没天日的话来，唬的魂飞魄散，也不顾别的了，便把他捆起来，用土和马粪满满的填了他一嘴。凤姐和贾蓉等也遥遥的闻得，便都装作没听见。宝玉在车上见这般醉闹，倒也有趣，因问凤姐道："姐姐，你听他说'爬灰的爬灰'，什么是'爬灰'？"凤姐听了，连忙立眉嗔目断喝道："少胡说！那是醉汉嘴里混吣，你是什么样的人，不说没听见，还倒细问！等我回去回了太太，仔细捶你不捶你！"唬的宝玉忙央告道："好姐姐，我再不敢了。"（曹雪芹，1996：114—115）

节选中，贾宝玉对 "什么是'爬灰'" 产生了好奇心。但是，真正增强其好奇心的原因是 "醉闹" 的场景给贾宝玉感官上的冲击，他 "想要—懂得" 这般缘由。而贾宝玉对于焦大所说的 "爬灰" 无从认知，因为单从字面理解并不能引起这般热闹。因为他对这一形象既没有参照物可以 "获取"，也不存在任何 "印象获取"，于是他无法对这一形象进行 "语义获取"。因此，对这一形象的认知空缺加上 "醉闹" 场景的张力便刺激了贾宝玉的好奇心。但是，他的询问并没有得到证实，因为王熙凤"懂得"这一比喻形象，即"公公与儿媳妇私通"。可见，贾宝玉所要证实的信息内容涉及私人空间的秘密，超越了他身份所代表的纯洁高贵应有的好奇心限度，所以王熙凤"嗔目断喝"。相较于贾宝玉的好奇心，在面对焦大的醉闹时，众小厮是"害怕"，而王熙凤和贾蓉选择了装作没听见，是明明懂得却"想要—不懂得"，于是拒绝回答贾宝玉的好奇心。这是因为他们的行为受更高层次的"懂得"束缚，也就是伦理道德的信仰束缚。因此，在面对私人秘密之事主体需要保持谨慎态度。

4 结语

　　针对"贾宝玉"的好奇心进行的浅析是从读者角度进行观察的，因为作为远处的观察者可以看到既定文本的整个陈述过程，也可以基于一定的社会文化环境对于"好奇心"进行价值评判。但是，在现实生活中，每个人都难免处于动态的、偶然的或者意外的事件中。因此，生活中的我们有时会无法预判"好奇心"到底是好还是坏，因为最终的影响往往可能是后知后觉的。在大多数情况下，好奇心是科学创新的动力，但是如果创造的科学价值是对生态、对人类有害，无疑是"好奇心害死猫"。再比如，现在社交媒介发展迅速，躲在屏幕后面的主体犹如身披盔甲的偷窥者，极易窥探好奇他人的私人生活并传播他人的私生活，以至引起流言蜚语，于是他们便成了网络暴力的无形刽子手。

　　因此，要时刻警惕好奇心的越界。但是，因为限度而限制好奇心似乎也是不明智的。因为有时对他人秘密的好奇也存在积极效用，比如因为好奇某人，发现了某人的犯罪秘密而揭发他，无疑是对社会有益的。可见，"好奇心"的运用需要进行动态的认知战略调整，以推动事件向良性与和谐发展，不能以偏概全妄下定义。不仅仅"好奇心"有多面性，其他激情在具体的话语中也会展现不同的张力，它们与"动作""认知"在互动中阐释意义。综上，系统并不总是按照设计规划好的构建，它需要在面对具体事件或意外偶然事件时适时地不断调节以维持动态中的平衡。

参考文献

[1] Basso Fossali, P. *Vers une écologie sémiotique de la culture*：*Perception*，*gestion et réappropriation du sens* [M]. Limoges：Lambert-Lucas, 2017.

[2] Fontanille, J. *Le savoir partagé* [M]. Paris-Amsterdam：Hadès-Benjamins, 1987.

[3] Fontanille, J. *Sémiotique du discours* [M]. Limoges：Presses Universitaire de Limoges, 1998.

[4] Géninasca, J. *La parole littéraire* [M]. Paris：Presses Universitaire de France, 1997.

[5] Greimas, A. J. *Du Sens II* [M]. Paris：Seuil, 1983.

[6] Greimas, Algirdas J. et J. Fontanille. *Sémiotique des passions* [M]. Paris：Seuil, 1991.

[7] Landowski, E. *Passions sans nom* [M]. Paris：Presses Universitaire de France, 2004.

[8] 曹雪芹, 高鹗. 红楼梦（第二版）[M]. 中国艺术研究院红楼梦研究所, 校注. 北京：人民文学出版社, 1996.

[9] 休谟. 人性论（上下册）[M]. 关文运, 译. 郑之骧, 校. 北京：商务印书馆, 1980.

[10] 张彦梅. "懂得"之模态浅析——结合王冕的故事的实例 [J]. 符号与传媒, 2021, (1)：167 – 183.

The interaction between "passion", "action", and "cognition": an analysis of curiosity

Zhang Yanmei

（Université Lumière Lyon 2）

Abstract： In language, there are three dimensions：the pragmatic dimension, which involves the transformation of "action"; the passion, which involves the sensation and tension of the actant; and the cognition, which involves the competence of the language—the manipulation of "knowing" in discourse. It is important to note, however, that these three dimensions are not independent, but as three perspectives of the language that interpret the signified in a catalytic interaction. In this way, the paper will focus on the "curiosity" -vouloir-savoir-as a particular passion composed with the two modalities, in order to analyse the relationship between the subject and its cognitive object—the "reality"—in different contexts of public and private life. For example, the desire to know about scientific research is very different from the curiosity of "gossip", but the disposition of "curiosity" seems to be pertinent to the "unstability" or the "uncertainty" between the subject and the object. Consequently, "curiosity" is always in dynamism and motivate potentially other passions and actions, in which there is between actants (between subject and object, between subject and other subject) and also between "passion" and "action" and "cognition".

Keywords： passion; action; cognition; interaction; curiosity

作者简介

张彦梅，女，法国里昂第二大学在读博士生，天津外国语大学语言符号应用传播研究中心特邀研究员。研究方向：文化符号学、激情符号学、交互实践符号学。

基金项目

本文为中国留学基金委员会的国家建设高水平大学公派研究生项目（与法国里昂大学高等教育集团合作奖学金）的阶段性成果。

从文本建构角度谈文化符号学

冯 洁

摘 要： 以格雷马斯为先驱的巴黎符号学派主要研究符号之间的依存关系，重视意义的单位、层级以及连接它们之间的规则的探索，也就是有关意义生成的理论建设。其概念可以类比于物质的构成方式或者化学组合，不同的组合方式将呈现不同的语义效果。作为科学的方法论，其研究通常在于文本"内在"，也就是对于文本内部语言系统、各个叙事成分以及它们之间相互关系的研究，被称为"内在性原则"。这种分析通常是去背景化的。近20年来，叙述符号学在研究对象的范围方面有了新的发展，由格雷马斯的学生弗朗索瓦·拉斯捷提出的"素材语言学"以及雅克·丰塔尼耶有关"符号学实践"的分析中都对语言元素以外的意义层次进行了研究，把社会实践纳入文本分析中，其研究内容被归为文化符号学的范畴。在这里，我们将总结后格雷马斯时代关于文化符号学的研究，其符号学分析的理论建设，以及其与语言元素的关联，也就是对文本意义的构建所起的作用。

关键词： 文化符号学　叙述符号学　文本符号学　创作背景　文本建构

1 文化符号学的理论研究

1.1 弗朗索瓦·拉斯捷建立的素材语言学

由拉斯捷建立的理论继承了索绪尔的研究成果，侧重于研究社会生活中的符号关系，同时对欧洲传统的符号学研究进行了总结。他认为"文本是创作于某种已知的社会实践当中的，具有某种支撑的，凭经验证明过的语言链。（拉斯捷，2017：13）"近20年来其研究又有了新的进展，即关于"素材语言学"的分析。这一研究遵循"整体决定部分的原则"，从更广义的角度进行文本分析，涉及符号学研究当中意义的更高层次，并把现实世界、素材、话语、文学体裁等内容纳入符号学的研究当中，研究这些因素对于意义产生起到互文性的作用。这并不是把研究对象放在其背景当中，而是把背景研究，纳入符号学分析当中。这一研究作为文本符号学的一部分使其更具完整性与合理性。

这部分研究重视文学创作背景以及其他相关因素的作用，并把其纳入符号学的理论研究当中，倾向于把符号学与其他学科的理论相结合，并转向跨学科的研究。"素材语言学"理论提出了一种新的论断，它把文本语言学、文献语文学与作品阐释学关联在一起。拉斯捷认为，语言不是作品唯一的规则系统，存在于实践中的文本，无论是口头还是书面的，都是语言、话语、文学体裁与写作风格的融合。这一背景问题与文本问题相结合，进入文化符号学的研究。这一研究建立了文本与其衍生的社会实践之间的关系。与社会实践相连接的背景处于客观层面，其研究保证了文学评论的客观性。

1.2　丰塔尼耶的符号学实践

格雷马斯的弟子之一雅克·丰塔尼耶是后格雷马斯时期的最重要的符号学家之一。除了在叙事当中主观以及精神维度分析的探索，在他的多部符号学著作中都阐述了文本以外的方面，例如文体、修辞、社会实践等对于意义建构的作用，以及它们与传统的叙述符号学中的"内在性原则"的关系。事实上丰塔尼耶把上述的方面纳入"内在"研究。实践产生意义，不同于拉斯捷的"素材语言学"，专注于文本创作阶段文本以外的非语言元素或者是文本创作条件的研究，也就是文本创作背景的规则与编码对文本意义的作用。丰塔尼耶把与文本相关的各个阶段的实践都纳入研究当中，也就是"创造意义的实践"。例如，他分析了报亭的张贴画与地铁中的广告与外在环境及实践的互动所产生的意义。

关于研究方法，他主张把实践看作语言，包含它们各自的内容与表达，并认为应该用叙述符号学的方法来对其分析。因而，在把实践纳入文本的分析中，应选取其与文本相结合的恰当的切入点。

另外他认为符号学与文本相关的其他学科并不是矛盾的，事实上符号学提供了有效的方法论或者是一种不同的分析结果作为补充，在符号学中扩大研究范围也伴随着符号学理论的发展。

在这里，我们主要关注文本创作阶段背景对于文学作品建构的影响。

2　文化符号学在文本建构中所起到的作用

2.1　文化符号学是文本符号学的重要组成部分

在以文本为对象进行符号学分析时，文本被视为是意义组织的基本单位，而不是词语、句子等其他在传统的语言学与符号学分析中较低级别的纯语言单位。事实上，围绕着文本可以建立起完整的符合逻辑的意义系统，可以使得我们进行归纳在同一主题之下的均质的分析。无论是对意义的较高层次或是较低层次的分析，都是为文本的构建而服务的。也正是在这一层面上，语言要素得以与语言之外的现实和客观世界相连接。

因而，以文本为基础的意义单位作为一个界限，把研究分为两个部分，即文本的内部层次及外部层次。文化符号学关于创作背景的分析位于外部层次。这两部分的研究向意义单位的相反方向进行，在符号学中我们称为向意义的高级层级（hyperonymique）的研究以及向低级单位（hyponymique）的研究。"素材语言学"就是针对文本外部层次的分析，其分析与"内在"分析相对应。这两部分的分析分别需要借助不同的符号学方法，其中内部层次对应由格雷马斯建立的"自然世界"的符号学；外部层次则对应拉斯捷的"文化世界"的符号学，分别归属于逻辑—语法论与修辞—阐释论的两个论题。与文本单位紧密结合，这两部分分析相互补充，从而形成了文本符号学，致力于更加合理与透彻的分析。

关于文本的外部层次，表现为一系列意义的层次单位，包括体裁（genre）、话语（discours）、素材（corpus）、社会实践等层次，把文章与非语言因素以及客观的社会实践连接起来。而关于一些文本内部的意义单位，也就是格雷马斯所建立的阐释过程，对于其理论的分析，从针对词语即从语义的词汇学出发，论及同位素性，再谈到叙事以及主题等。如果格雷马斯的分析更针对微观以及中观语义学，利用义素、词素等术语，并致力于向更高层次的意义的建构；而拉斯捷的研究则侧重宏观语义学的分析，也就是说从文本到更高级的意义层次。

逻辑—语法论与修辞—阐释论分别把符号与文本作为研究的基本单位，而它们的研究目标都是针对文本意义的研究。

除了研究的基本单位的不同，背景环境在这两部分研究中起着不同的作用。事实上，对于文本内部层次的研究通常是去环境化的。就像格雷马斯的定义中把核义素与环境义素区分开来。在这部分研究当中，核心单位是核义素，而环境义素作为意义的变化因素是次要的。在这种情况下，环境或者形势只起到辅助作用。而背景或者环境的研究是文本外部层次分析中的重要部分。无论是文本内部还是外部层次的分析，主要研究内容还是关于符号化过程，也就是内容与表达之间的关系问题。

因而，在对文本的分析中，在开始基于格雷马斯所建立的一系列公理的、详尽的、微观的分析之前，在这部分当中，我们的注意力放在宏观语义学层面，关于一系列与文本层次相关的意义层次，主要涉及非语言元素，位于意义的创造与生成层面。在符号学研究当中，作为语言单位的延伸，可以作为解释文学作品的手段。其研究可以开启规则的空间以及文本与其所产生的社会实践之间的关系。

2.2 创作背景处于文本的潜在阶段

针对话语的分析以及其生成过程而言，陈述活动/陈述语段这一连对是话语中非常重要的维度。其研究可以深入文本叙事的各个阶段。为了更好地进行文本的符号学分析，应该识别出其所有的阶段，包括潜在化、现实化以及实现化过程（如图 1 所示）。

图 1　文本的三个阶段

这三个阶段就文学作品而言分别对应创作、出版与评论。因此第一个陈述活动的阶段可以追溯到文本创作阶段，与陈述有关也就是文学作品的创作条件。

任何的文本都可以被看作由陈述语段构成的对象，而文本创作是以陈述活动为前提的。库尔泰（Courtés）描述了陈述活动与陈述语段的关系，陈述语段应被看作陈述活动的对象与产物，而陈述活动指陈述语段所产生的条件以及方式。关于陈述语段所产生的一系列条件，它们通常是"社会的、经济的、历史的、司法的以及心理的等，被认为是解释文本构成及其特点的依据：阐释了在其他领域找到文本存在的原因，并为其证明。"（库尔泰，1991：283－288）其公式如下：

$$F\{S1\rightarrow\{S2\wedge O\}\}$$

在这一叙事程式中，F 对应着陈述活动，S1 为陈述发送者，S2 是陈述接收者，而 O 为陈述语段。在文本创作阶段，S1 对应着创作背景，S2 对应作者，而 O 则是文学作品。作家在某种条件或背景下创作出作品，使之可以出版以及阅读。在这一过程中被定义为创作条件的非语言因素作为背景加入陈述活动的建设中。即非语言因素是陈述活动层面的，而语言元素即文本被归为陈述语段。因而在研究陈述语段也就是文学作品的同时，陈述活动也应当被考虑进去。因而，文本的内外层次不仅存在简单的"嵌套"关系，而外部层次是创作内部层次的前提条件。对文本外部层次的研究并不意味着我们的分析离开了文本本身，这些背景因素是作为文本创作之前潜在的客观条件而存在的，而被作者在有意识或者无意识状态下选中的。

2.3　文化符号学分析建立了文本与客观世界的联系

库尔泰（Courtés）指出，由索绪尔建立的能指/所指这一连对可以与语言/现实相对应，事实上语言依附于某种现实。（库尔泰，1991：42－50）同时又可以指向文学创作背景/创作素材这一连对，最终指向文学作品，其关系如图 2 所示。

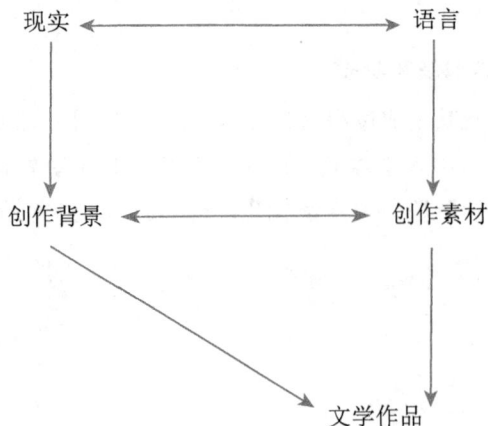

图 2　现实/语言、创作背景/创作素材与文本的关系

　　而由皮尔斯建立的符号三元论则把主观维度，也就是"作者"纳入分析之中（如图3所示）。在其定义的符号概念中，A指代符号或者代表项，B是概念或者解释项，C为对象或者客体。其中对象与现实可以看作同义词。外部世界的某对象使说话者产生某种思想，而这种思想又衍生成符号。这一解释与作品的创作过程相关。在这个"三元论"当中，包含了创作背景、文学作品与作者之间的互动关系。在创作过程中，如果符号对应着文学作品，对象对应创作背景，而解释项就对应着作者。这涉及社会现实与认知维度之间的交流，也就是说社会现实使作者产生主观能动性并构思出作品。这一过程经过感知与表达两个阶段：第一个阶段把社会实践与作家联系在一起；第二阶段把作家与文学作品联系在一起。

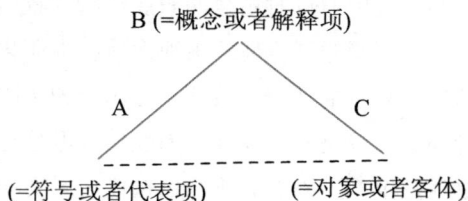

B (=概念或者解释项)

A　　　　　　　　　　C

(=符号或者代表项)　　　(=对象或者客体)

图3　文本创作过程释义

　　事实上，文本中识别出的语义层同位素性建立了文学作品与社会历史条件之间的关系。根据丰塔尼耶的观点，这两者关系的建立使得文化符号学的研究切断了结构主义"唯心主义"的特点，使文本分析具有物质性与客观的依据。

3 文化符号学的描述

　　关于文本外部层次的描述，在这里将使用洛特曼建立的符号域作为描述文化的工具，同时用其来描述参加文本建构的文化对象。因而在这里我们借用符号域这一概念来列举在文本创作中起到重要作用的社会文化范畴，这些范畴与创作素材及背景相对应。这些范畴之间具有某种关联性与结构性，作为一个整体，从而形成了一个封闭的系统，而每个文本所建立的符号域系统都是独一无二的。在这里研究的主要目的在于对各符号域之间关系的描述。

　　符号域系统的建立来自作者的有意识或者无意识的选择。下面我们就以贾平凹的乡土小说为例对其创作背景进行分析。作为"寻根文学"的代表，其作品深受社会历史以及地域条件的影响。事实上，创作条件对其小说体裁的形成，以及文本的表达与内容的关系，也就是符号化过程有着决定性的作用。其小说创作背景可以归纳为"地域的"与"社会的"两个方面。其中，"地域的"指家乡的地域条件，包括地理的、文化的、习俗的等，我们把它概括为"地方主义特色"；"社会的"包括社会历史条件，尤其是生产条件等。为了描述它们之间的关系，这里引入"常量"与"变量"两个术语。

文化是处于不断的演变当中的，常量与变量两个术语，可以用来描述文化、历史以及社会在发展过程中的两个方面。同时由于文化具有时空性的特点，在分析中通常会与时间/空间、共时/历时等术语相连接。其中，常量用于表示在历史演变中稳定不变的部分或者是不同文化中的共同部分；变量指在历史进程中被替代或者消失的部分，或者在不同文化中的多样化。这种文化的演变现象呈现为拓扑状的特点。

贾平凹在他创作的乡土小说中描写了家乡商州农民的生活。受地域条件影响，如地理、文化等方面在小说中对人物塑造、日常生活以及习俗的描写，表现为一种鲜明的地方主义特色，也就是文化在地域上的变化。这种地方主义特色在小说中作为内容的形式展现出来；而社会历史条件与人们当时的生存状态息息相关。所谓生存状态也就是生产以及生存方式，在贾平凹的小说中通过对主角的职业经历的叙述表现出来。小说中描写了在社会改革的影响下农民逐渐摆脱了土地的束缚而适应工业化生产的过程。因而生产方式作为人们普遍关注的较为稳定的部分，被认为是内容的实质呈现的。文化中的很多方面都根据不同时代或者地域，或是审美标准等而变化，但是对于生存方式的关注是不变的或者相对稳定的，也就是生产。以上分析可以构成一系列相互对应的意义范畴，这也对应着对贾平凹小说分析的主题。

$$\frac{常量}{变量} \approx \frac{生产方式}{地方主义特色文化} \approx \frac{内容的实质}{内容的形式}$$

4 文本价值体系的建构

文本意义的建构最终归结为价值，文本的建构同时也是价值体系的建构。文本的外部层次，也就是符号域系统加入文本价值体系的建构当中。事实上，在文本创作阶段，各个符号域作为创作条件，尤其是社会文化条件，其系统形成一种信息价值，汇聚成一种观点，并作为一种元—信息，通过作者传递到文本内部层次，也就是文本的主题。在这种情况下，这种整体价值决定或者修饰着整个陈述语段，也就是文学作品。在文本内部，这种价值在叙事的"操纵"阶段表现为一种契约的签订。这种价值信息，在文本中具有"传递性"与"递归性"。

在贾平凹的乡土小说中，根据我们前面符号域系统的分析，确定了以生产力改革作为主题，也就是从农业向工业化过渡的这一过程。这一价值观点，通过作者贾平凹传输到作品当中。例如，贾平凹的中篇小说《鸡窝洼人家》中的主角禾禾通过自身的经历感知到外部世界的工业化，认识到农民种地并不能赚钱，随后开始弃农从商，进行了"养蚕""加入工程队""跑运输"等职业活动。而禾禾的这一感知活动在模态上表现为"知道""懂得"，位于叙事的认知维度。他把这一信息传递给小村庄鸡窝洼的其他村民，而其他村民在模态上经历了从"知道"到"不相信"再到"相信"的过程。在这一过程中以禾禾为代表的"鸡窝洼"村民完成了从认知到行为上的转变，从而完成了鸡窝洼的变革。这就是文本的价值系统完成了从外部层次到内部层次的沟通与传递。

5 结论

本文以巴黎符号学派后格雷马斯时代新的研究方向之一——文化符号学的理论发展为对象进行分析。无论是拉斯捷的素材语言学还是丰塔尼耶的符号学实践，都致力于把社会实践纳入文本研究当中，阐述文本与各个阶段的社会实践的相互作用。这一有关社会实践的研究被归纳为文化符号学的研究范畴。本研究以文本的创作背景研究为切入点，将其作为文本外部层次，也就是语言元素的延伸。对文本以及创作背景的关系进行阐述，并提出对创作背景所对应的社会实践的分析，对其进行符号学的解读。根据拉斯捷的素材语言学理论，由社会实践决定的创作背景作为语言元素的延伸被看作文本外部的一系列层次。这一部分的研究从文本的社会来源、在文本建构中的地位、客观性、其价值体系的建立等方面进行了阐述。作为文本分析以及挖掘其意义的有效手段，这一研究提出了新的论题；作为对文化内容分析的有效手段，这项研究为文化交流以及跨文化交际提供了有效的方法论。

参考文献

［1］ Rastier, F. De la sémantique structurale à la sémiotique des cultures ［J］. *Actes sémiotiques*, n° 120, 2017.

［2］ Rastier, F. La sémantique des textes — concepts et applications ［J］. *Hermes*, *journal of linguistics*, n° 16, 1996.

［3］ Courtés, J. *Analyse sémiotique du discours-De l'énoncé à l'énonciation* ［M］. Paris：Hachette supérieur, 1991.

Cultural Semiotics from the perspective of text construction

Feng Jie

（Sorbonne University）

Abstract： The Paris School of Semiotics, pioneered by Greimas, mainly studies the interdependence between symbols, and attaches importance to the exploration of the units and levels of meaning and the rules connecting them, which is the theoretical construction of the generation of meaning. The concept can be likened to the way of composition of substances or chemical combinations, different combinations will present different semantic effects. As a scientific methodology, its research usually lies in the "intrinsic" of the text, that is, the study of the internal language system of the text, each narrative component and the interrelationship between them, which is called the "intrinsic principle". This analysis is usually de-contextualized. In the past 20 years, narrative semiotics has made a new development in the scope of its research objects. In the "material linguistics" proposed by François Rastier, a student of Greimas, and the analysis of "semiotic practice" by Jacques Fontanille, both of them have studied the meaning levels beyond the linguistic elements and brought social practice into the text analysis. Its research content is classified into the category of cultural semiotics. Here, we will summarize the research on cultural semiotics in the post-Greimas era, the theoretical construction of semiotic analysis, and its association with linguistic elements, that is, the role it plays in the construction of textual meaning.

Keywords: Cultural semiotics; Narrative semiotics; Text semiotics; Creation background; Construction of text

作者简介

冯洁，吉林外国语大学西方语学院讲师，法国索邦大学文学院博士研究生（获得中国留学基金委设立的国家建设高水平大学公派研究生项目资助），天津外国语大学语言符号应用传播研究中心特邀研究员。主要研究方向：叙述符号学、文化符号学、比较文学。

忠与爱的对立
——符号学视域下《特利斯当与伊瑟》叙事结构分析

黄超彬

摘　要：《特利斯当与伊瑟》是一部经典的法国中世纪文学作品。作为骑士，特利斯当效忠于国王，却爱上了王后伊瑟，最终以悲剧收场。这部作品是中世纪骑士爱情的写照，但由于爱情悲剧的性质而不落俗套。本文选取法国中世纪文学家贝迪耶改编版本中的三至十二章作为分析材料，基于格雷马斯和库尔泰的符号学理论分析文本的表层结构和深层结构。主要涉及叙事段、述真方阵以及符号方阵。本文分析文学文本的叙事结构，借助叙事话语的形式与结构解读中世纪骑士精神。

关键词：格雷马斯符号学　符号方阵　述真方阵　特利斯当与伊瑟　骑士爱情

1 前言

　　特利斯当是凯尔特民间传说中的传奇人物，其故事被 12 世纪的吟唱诗人传唱流传。根据中世纪吟唱诗人遗留下的叙事残片，法国中世纪文学家约瑟夫·贝迪耶重新编撰了一个完整的故事——《特利斯当与伊瑟》。中世纪的骑士故事诗不同于更早的武功歌，英雄史诗"武功歌"主要歌颂骑士在战场上的丰功伟绩，而骑士故事诗描绘骑士的爱情，尤其是骑士对贵妇的追求。《特利斯当与伊瑟》讲述骑士特里斯当与王后伊瑟之间"不可能的爱"①。本文尝试使用格雷马斯和库尔泰的叙事理论分析这部作品的结构，体现这段"不可能的爱"在叙事结构层面上的特点。

　　根据格雷马斯的"叙事论符号学"（张智庭，2022），叙事结构（structure narrative）的分析和表征从原则上分为两个层次："一个叙事的表象层次，叙事通过语言之物质实体进行表达，叙事的表现受制于实体的种种特殊要求；一种构成了某种共同结构主干的内在层次，这是叙述在显现之前的层次，也是对叙述进行先期组织的层次。"（格雷马斯，2011：166）深层结构（structure profonde）处于潜在层面，更具概括性。从基本语义找到义项，根据句法操作规则，得出其对立、次对立、矛盾的义项（Greimas & Courtés, 1979：380）。可用符号方阵分析，解释叙事的深层意指。表层结构

---

① 贝迪耶. 特利斯当与伊瑟［M］. 罗新章，译. 北京：人民文学出版社，2003，译本序第 11 页。本文引用皆来自该译本，引用将简化标记为（名字：页码）如（贝迪耶：11）。序言中，译者还提出该故事的三个可能来源：古罗马作品，凯尔特族传说，受近东故事影响。其中第二种来源，即凯尔特传说的从众最多（贝迪耶：1—3）。

（structure de surface）与深层结构相对应，从句法和语义上将深层结构中潜在的句法和语义现实化，涉及叙事中主体的行为与叙事状态转换。

本文尝试从叙事段、叙事程序以及述真方阵探讨叙事表层结构，揭示特利斯当、国王与伊瑟三者之间的关系。至于深层结构，我们从主题层面分析特利斯当骑士之爱中呈现出的对立义素。

2 表层结构：特利斯当与伊瑟之间的"分"与"合"

鉴于文本内容丰富，我们节选故事中间部分作为分析对象，也即贝迪耶重编版中的第三至十二章。在分析中，我们也发现节选片段在语义和句法上与符号方阵中义项之间的关系和发展路径吻合。节选故事中，特利斯当与伊瑟两人经历从分到合再到分的过程。特利斯当为显示自己的忠诚，远赴爱尔兰为国王迎接伊瑟。伊瑟母亲为国王和伊瑟准备了神奇的药酒，喝下即能产生至死不渝的爱情。在回国途中，特利斯当与伊瑟两人误饮，于是两人相互爱慕。回国后，伊瑟还是成了王后，但她与特利斯当的私情未了，被大臣发现，国王决定处死他们。在押送刑场的过程中，特利斯当逃走，并欲赶赴刑场去救伊瑟。他还为无法接近刑场而发愁，岂知在奸臣的怂恿下，国王把伊瑟丢弃给了一群麻风病人。于是，在麻风病人带走伊瑟的途中，特利斯当救走了她，从此两人在树林里生活。一天，他们在树林中的行踪被发现，国王赶来时，发现特利斯当与伊瑟睡在一起，但是两人中间隔着一把剑，而伊瑟手上还戴了两人结婚时的戒指。所以国王信任他们，没有趁他们睡着杀死他们。特利斯当与伊瑟被国王的行为感动，决定将伊瑟送回国王身边，但代价是特利斯当从此要远走他乡。

根据格雷马斯的叙事理论，叙事被看成"相继发生或相反的两个不同状态之间的转换"（Courtés，1991：72）。表层结构的叙事分析（analyse narrative）在于"识别这些状态和转换，以及准确描绘它们连续显现出的距离与差别"（Groupe d'Entrevernes，1979：14）。叙事中，一个状态向另一个状态转换，而状态呈现为主体与对象之间的合取（拥有）或析取（失去）关系。

主体和对象属于格雷马斯提出的行动元，他用行动元取代传统研究中的人物概念。行动元不仅可为人，也可指物或者抽象概念。叙事的六个行动元中，对象是指"主体所追求的愿望对象"（格雷马斯，2001：264）。在《特利斯当与伊瑟》中，我们可以将主体定为特利斯当与国王，对象为王后。如此，故事可以被解读为主体和对象间的拥有和失去。特利斯当拥有王后则国王失去王后，而当特利斯当失去王后则国王拥有王后。按照主体与对象之间的关系，节选文本可包含两次状态的转变，即两次析取与合取关系的变化。图式见图1。

```
    状态一            状态二           状态三
 (S1∪O∩S2) ⟶ (S1∩O∪S2) ⟶ (S1∪O∩S2)
   │   │   │
  特利 伊瑟 国王
  斯当
```

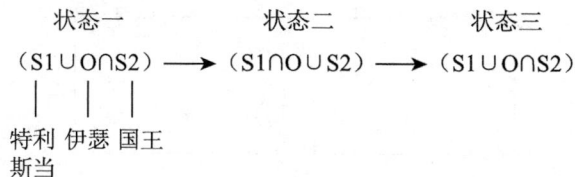

(S：主体 sujet；O：对象 objet；⟶：转换；
∪：析取 disjoindre 或失去；∩：合取 conjoindre 或拥有)

图 1　主体与对象的关系转变

　　三个状态涉及两次转换。叙事段 PN（programme narratif）"是表层叙事句法的基本组合段，由行为陈述及其支配的状态陈述组成"（Greimas & Courtés，1979：297）。从状态一到状态二的转换用叙事段公式可转写为：

$$PN1 = F\{S1 \rightarrow (S2 \cup O)\}$$

　　可读作主体 S1 实施行动（F）使得主体 S2 失去（∪）对象（O）。结合文本，用自然语言可将该过程描述为：故事开端的状态一中，特利斯当（S1）远赴爱尔兰为国王（S2）带回伊瑟（O），国王迎娶了伊瑟，而这也意味着特利斯当失去了伊瑟（S1∪O∩S2）。转换到状态二中，当骑士与王后的爱情被揭发后，国王准备处死他们，而骑士救下了王后。所以特利斯当（S1）的解救行为（F）使国王（S2）失去（∪）伊瑟（O）。

　　在这个转换过程中，两个主体的地位不同。推动叙事发展的状态转变需要行为主体（sujet de faire）采取行动。发出行为从而促使状态转换的行为主体为特利斯当 S1，国王 S2 则为状态主体（sujet d'état），状态二里国王与王后处于析取关系状态。状态二到状态三的转换也可改写成叙事段：

$$PN2 = F\{S1 \rightarrow (S2 \cap O)\}$$

　　根据故事，特利斯当和伊瑟被国王的行为感动，骑士决定让伊瑟回到王宫。特利斯当（S1）的归还行为（F）使国王（S2）重新拥有（∩）对象伊瑟（O）。与此对应，特利斯当失去（∪）伊瑟。

　　节选故事可用这两个叙事段概括。而叙事段中，正是行为主体的行为（F）推动叙事的发展，所以主体的行为是分析的关键。针对主体的行为（action），叙事程序（schéma narratif canonique）划分成四个要素，分别为"产生欲望（manipulation），具备能力（compétence），实现目标（performance），获得奖惩（sanction）"[①]。叙事程序图式（Courtés，1991：100）见图 2。

[①]　此处翻译参考张新木（2010：171），书中将"sanction"译为"获得奖赏"。本文译为"获得奖惩"，因为它不仅包括积极的奖励，也有消极的惩罚。

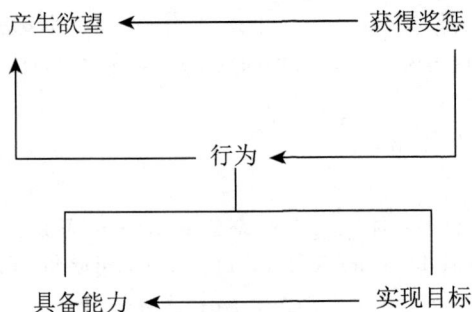

图 2　符号学叙事程序图式

图式中的箭头表示预设关系。主体需要具备一定的能力，才能够实现目标，完成行为，实现目标预设具备能力。主体的行为也不是无缘无故发生的，它预设着一个施动行为。"产生欲望"指"两个行为陈述间的使动关系。这个模态结构的特点在于，虽然它们涉及同样的谓项（两个都是行为"做"），但是它们的主体不同，一个是施动主体（处于施动者位置），一个是受动主体（处于受动者位置）"（Courtés，1991：109）。施动主体的行动促使受动主体行动。最后，主体的行动完成后将被评判得到奖惩。

叙事段 PN1 展示了主体 S1 采取行动完成行为，解救并得到伊瑟，从状态一过渡到状态二。根据叙事模式，特利斯当的解救行为受到另一个施动主体的行为的驱动，即图式中的"产生欲望"，特利斯当为受动主体。故事中，当特利斯当和伊瑟的爱情被奸臣揭发后，国王准备处死伊瑟；在奸臣的怂恿下，国王又决定把王后推给一群麻风病人（贝迪耶：50，55）。所以，国王是行为的施动主体，国王的一系列行为促使特利斯当要设法解救王后。施动行为用公式表达为：

$$F\ \{S2{\rightarrow}F'\{S1{\rightarrow}\ (S2{\cup}O)\}\}$$

　　　　　　国王　特利斯当　国王　伊瑟

施动主体国王 S2 的行为（F）促使受动主体特利斯当（S1）发出解救行为（F'），从而改变了国王与伊瑟之间的状态关系，即国王（S2）失去（∪）伊瑟（O）。

特利斯当在施动主体的驱动下发出解救行为，特利斯当的行为有了动机，但要实现解救行为，还需要具备一定的能力。"具备能力"指"实现关键考验所需要的一切条件"（Courtés，1991：103）。行为主体完成目标需要具备模态能力（compétence modale）。模态被分为三层，之前我们谈论的行为（faire）和状态（être）层是处于实现层，实现层预设另外两层模态，也即要实现行为或状态所需要的模态能力，它们分别为潜在层的 /欲/ 与 /应/，实行层的 /知/ 与 /能/。

我们主要分析特利斯当如何实现行为（faire），涉及四种模态：/欲做/（vouloir faire），/应做/（devoir faire），/知做/（savoir faire），/能做/（pouvoir faire）。为了实现

目标，主体需要获得模态能力，从无到有。首先，特利斯当之所以想要解救伊瑟，是因为国王下令处死伊瑟，其后又决定将伊瑟丢弃给麻风病人，特利斯当其后辩解："王后见弃，委之癞人，我救人急难，携她同逃。她为我横蒙不白之冤，险遭不测之患，岂能不一援手。"（贝迪耶：70）这是主体的/欲做/模态。特利斯当与伊瑟两人误饮药酒，两人之间产生了生死相依的爱情。负责保管药酒的仆人曾预示："由于我的过错，你们在那倒霉的杯子里，喝下了爱情，喝下了死亡！"（贝迪耶：29）特利斯当认为："失去伊瑟，就一切都不值得计较了。倒不如跳下来摔死得好！我算逃得一命，可是伊瑟，他们会拿她下毒手的。为我缘故，她会给烧死的，我应为她舍生。"（贝迪耶：52）在爱情的驱动下，特利斯当应当解救他的爱人，此乃/应做/。/知做/表示主体具备的技能，特利斯当作为勇敢的骑士，骁勇善战，曾在爱尔兰孤身一人杀死巨龙，为国王赢得伊瑟，具备高超的骑士技能。至于最后一个模态/能做/，特利斯当欲前往火刑场解救伊瑟，但是他师傅劝告："试想，火刑台你能走得近吗？那里人山人海，但个个惧怕国王。便是巴不得你能逃脱的人，也会第一个赶来捉你。"（贝迪耶：53）特利斯当无法接近刑场，这里体现了主体的/不能做/。然而故事的巧妙之处也在于此，国王在奸臣的怂恿下，决定不杀伊瑟，但是将她推给了一群麻风病人，特利斯当便是在他们将伊瑟带走刑场的途中行动，/不能做/转变为/能做/。最终，特利斯当具备四种模态能力，完成救人的目标。

　　表层结构中的状态二实现，特利斯当成功解救伊瑟，两人最终生活在一起。"于是，在这深莽的森林里，一对避世的情侣，开始一段艰苦备尝，却是相亲相爱的生活。"（贝迪耶：63）这只不过是一般故事中英雄和美人的美好结局。《特利斯当与伊瑟》在叙事开始就被叙述者描述成一个爱情悲剧："列位看官，你们可愿听一个生相爱、死相随的动人故事？这是事关特利斯当与伊瑟的一段佳话。两人相亲相爱，经过几多悲欢离合，最后在同一天里相偕死去。"（贝迪耶：1）按照之前划分的叙事段结构，故事从美好转向悲剧发生于叙事段PN2，即向状态三的转变。该叙事段的分析与前一叙事段类似，但内容上，行为主体特利斯当的目标是让伊瑟重新回到国王身边。通过分析这个阶段的叙事模式，我们能够更好地理清故事脉络，该阶段的转变也体现了特利斯当对国王的忠诚和对伊瑟的爱意之间的矛盾激化。

　　特利斯当让伊瑟回归王宫，因为他们都被国王的宽恕行为感动。"马克王一人走进草棚，正要举起利剑……啊！此剑倘若下去，人间又要添冤情！因看到：他俩嘴唇并没相接，中间还隔着一把出鞘的剑……白刃相间，以保贞节，谁人不知？果真爱得如醉若狂，焉能睡得这般娴静？不，杀不得！"（贝迪耶：63）当国王发现他们的行踪时，并没有趁他们睡着杀死他们，而是宽恕了他们。施动主体国王（S2）的宽恕行为（F），使得受动主体特利斯当（S1）送回（F'）伊瑟（O），用公式可表达为：

$$F\{S2\rightarrow F'\{S1\rightarrow(S2\cap O)\}$$

一方面，特利斯当作为骑士，国王的行为使他想把王后送回王宫。对于王后，特利斯当觉得很为愧疚："主啊，求你开恩，给我勇气，送回伊瑟。伊瑟不是当着勋臣贵戚，按罗马法，行礼成婚的吗?"（贝迪耶：67）作为效忠于国王的骑士，他应该把王后送回王宫。另一方面，王后伊瑟也对国王一直以来的行为心存感激："不，他是位宅心仁厚的人主。我踏上康沃尔国土以来，全仗他照应与庇护。"（贝迪耶：67）她同时也为特利斯当现在的处境感到不安，一位勇敢的骑士现在却"在树林里东躲西藏，过着野人一般的生活"（贝迪耶：67）。两个恋人都为对方着想，似乎同时达成默契，伊瑟应该回到王宫。潜在层的/欲做/和/应做/模态都满足。但至于实行层的/能做/，特利斯当还处于/不能做/，暂时还不能够实现他的目标，因为特利斯当无法让国王相信他。此时出现了一个辅助者奥格林隐士，他为这对情人写下陈情书，帮他们实现目标，特利斯当夜里暗中将书信送给国王。

特利斯当通过修士的书信表达自己的诉求，恳请国王下令与其他高手进行决斗，并立下约定："我若得胜，请陛下把天姿国色的伊瑟迎回，我将勉力图报，不让于任何将士，倘见弃于王上，我便远渡重洋，去为加伏瓦或弗利兹国王效劳，从此销声匿迹。特请陛下裁定。和解不成，我即把伊瑟送归爱尔兰；回到故国，她仍会奉为王后。"（贝迪耶：72），国王收到信之后，"垂询三次：'有谁如要纠参特利斯当，请起立说话!'众人都默不作声……"由于无人迎战，国王迎回王后。特利斯当的目标实现，完成了第二个叙事段中的行为。

叙事程序中的最后一个要素"获得奖惩"，包括实际层面（sanction pragmatique）和认知层面（sanction cognitive）。实际层面指"评判者（destinateur judicateur）在认知层面评判主体的行为是否与事先契约相符。根据是否与价值相符，获得奖赏或者惩罚"（Courtés，1991：114）。特利斯当的两次行动都带来一定的后果，而评判者都是国王。"无论是何种叙事，都含带着一种价值观：有时故事一开始就写明了契约，更常见的是契约被暗指。"（Courtés，1991：103）《特利斯当与伊瑟》故事开始，就描述特利斯当愿意成为一个效忠于国王的骑士："特利斯当答称：'为陛下效劳，当你的琴师、猎手与臣下，实所至愿。'"（贝迪耶：6）这是关于骑士与国王之间的契约，骑士应该效忠于他的领主，然而特利斯当抢夺了国王的妻子，违背了这个契约，国王作为评判者有权评判特利斯当的行为。当特利斯当与伊瑟逃跑之后，在森林里躲藏，期间一直被国王搜捕，这是特利斯当第一个行为的后果。而第二个行为的评判结果便是将王后与特利斯当分开，王后回到王宫。

认知层面的评判"不是针对行为，而是针对状态"（Courtés，1991：114），是对"真实性"（réalité）的认知判断。这里的"真实性"是指述真方阵上的真实、表象、幻觉、秘密。上文主要分析主体的行为推动状态的演变，对象伊瑟一直与主体特利斯当和国王保持析取与合取的状态。为了研究行为的模态化，"我们使用一些模态价值（应做，欲做，能做，知做）和他们可能的组合关系。而为了分析状态陈述，我们使用述真类别（catégorie de véridiction），它也包括一些模态组合"（Groupe d'Entrevernes，1979：41）。引入述真结构，能够详细地分析主体与对象之间的状态关系。述真结构基于"是"（être，真实）与"似"（paraître，表象）的对立关系。"似"或"表象"是主体的一种状态，它是"人们所能看到、理解、解释的原样"，而"是"或"真实"是"叙事中的明确状态，与解释机制无关"（Groupe d'Entrevernes，1979：42）。"是"的矛盾项乃"非是"，"似"的矛盾项乃"非似"。我们可以将两个主体在整个故事片段中的路径放在述真方阵中（图3）。

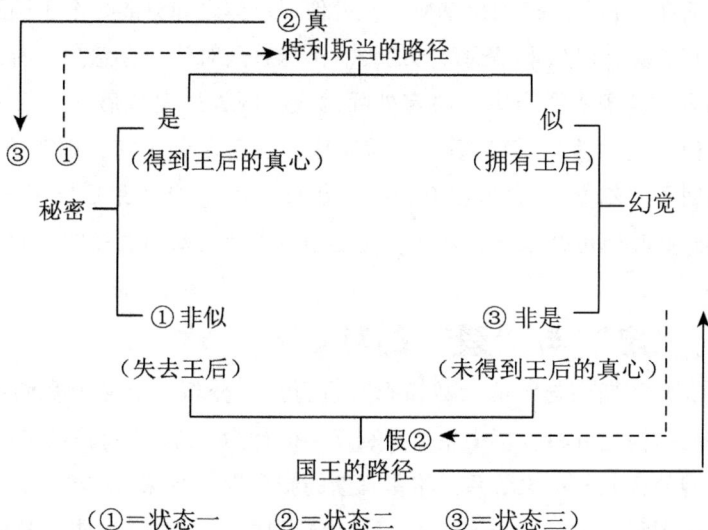

（①＝状态一　　②＝状态二　　③＝状态三）

图3　述真方阵中的主体路径

　　在从爱尔兰回国的船上，特利斯当与伊瑟两人误饮药水，两人之间产生了爱情，而且是永不变心的爱情。回国之后，伊瑟成为王后，国王拥有了伊瑟，这也是状态一中国王与王后的合取状态。但是国王与王后只是表面上在一起，王后并不爱国王，特利斯当与伊瑟两人一直私情未了。在状态三中，特利斯当准备把王后交会给国王，但是两人都相互承诺永远相爱，两人的分离只是表面的，是无奈之举。特利斯当说："如果他要你留我去，那我只带高威纳，远走弗利滋或布列塔尼。但是，哪怕到天涯海角，王后，我永远是你的。伊瑟，要不是看到美丽如你山行野宿含辛茹苦，我绝不敢想到分手。"（贝迪耶：68）而王后也认为："这样的生活再也不能过下去了。并非爱了特利斯当感到后悔，我还爱他，永远爱他。但至少形体之间，以分离为宜。"（贝迪耶：68）特利斯当与伊瑟两人之间只是身体上的分开，心依然相连。

　　在这两个状态中，我们注意到伊瑟的"心""身"并未同时托付给同一个人，伊瑟表面上是王后，深居王宫，但心里一直爱着骑士，我们可以将这组对立关系安排在"是"（或"真实"）与"似"（或"表象"）的位置。根据述真方阵，四元结构构成四个组合关系。"是"与"似"组合构成"真","是"与"非似"构成"秘密","似"与"非是"构成"幻觉","非是"与"非似"构成"假"。结合叙事，我们发现节选片段中，两个主体分别经历了两次路径。特利斯当从爱尔兰回国之后，虽然他与伊瑟两人之间保持爱恋关系，但是两人已然被分开，所以故事开始的状态一中，特利斯当处于"秘密"。而到了状态二，特利斯当与伊瑟两人从刑场逃离，一起生活在深山之中，实现了"身""心"统一，主体特利斯当处于"真"。然而特利斯当不能够保持在"真"这一层面，在伊瑟重新回到王宫之后，特利斯当退回"秘密"，两人之间保持着爱恋，但不可能再生活在一起了。正如伊瑟所言，爱他但形体之间分离。至于国王，虽然他与王后结婚，拥有伊瑟，但从未得到伊瑟的爱。伊瑟只是对他心存感激，所以国王一开始就是处于"幻觉"假象中。当国王决定处死两人，两人逃离之后，王后表面上也不再属于他，于是他转入"伪"。但最后一个状态中，王后回到王宫，国王重新获得伊瑟，但已然只是退回了"幻觉"，他并没有得到伊瑟的"心"。所以最后国王相信特利斯当，接受他的约定，此时他也并未看到真相，而是相信了特利斯当处在的"秘密"层。

3 深层结构："忠"与"爱"的对立

本文选取《特利斯当与伊瑟》故事章节进行片段分析，上文中我们将其分成两个叙事段，在表层结构上分析叙事中主体特利斯当的行为，理清特利斯当与国王两个主体与对象伊瑟之间的合取与析取关系。格雷马斯的叙事理论在深层结构研究中引入符号方阵，用四元关系阐释文本深层语意。我们认为选取的文本内容构成完整的四元方阵关系，可以在文本的深层结构上，通过符号方阵探讨特利斯当的骑士精神和骑士爱情。

就主题而言，《特利斯当与伊瑟》这部中世纪骑士故事诗描写"骑士之爱"。当谈及中世纪骑士时，勇敢、忠诚、爱情等都是经常谈及的主题。忠诚和勇敢是骑士的行为准则。至于爱情，骑士之爱通常意味着对贵妇的追求，而且往往是已婚的贵妇，"骑士之爱的主题之一是贵妇与情人的偷情"（菲奥娜·斯沃比，2013：99）。特利斯当的勇敢毋庸置疑，无论是面对敌人、保护臣民，还是为自己的情人而战，他都表现出过人的勇敢。故事伊始，他英勇迎战爱尔兰巨人，在爱尔兰杀死巨龙帮国王娶得王后。其后为了护送王后回宫，不惜提出与勇士决斗。国王相信特利斯当的忠诚，然而特利斯当深爱的伊瑟终究是王后，两人之间却有偷情之实。

特利斯当对国王的"忠"与对王后的"爱"是对立的。"特利斯当既有愧于舅父、领主，又不能割舍爱情，深刻的内心矛盾使他痛苦不已，其名'Tristan'（忧郁）是他性格的基本特征，也是背离婚姻的恋人必然的精神面貌。"（余志平，2000：52）当骑士的情人是领主的妻子时，由于"封臣必须对领主宣誓效忠，因此与领主妻子的偷情属于背叛和犯罪，他将被所在社会驱逐"（菲奥娜·斯沃比，2013：95—96）。故事中，特利斯当爱上王后，意味着对国王的背叛。"忠"与"爱"的对立，从主题上是/忠诚/

与/背叛/之间的二元对立，我们将其确立为主题层面的两个对立义素。忠诚与背叛都是相对而言，我们这里处理的是特利斯当与国王之间的关系，所以从国王的角度谈论特利斯当的忠诚。

符号方阵中的二元对立项 S1 与 S2 分别与非 S1 与非 S2 构成矛盾关系，我们将/忠诚/与/背叛/安排在符号方阵中的对立项位置，各自的矛盾义项/非忠诚/与/非背叛/分别处于非 S1 与非 S2 位置，后二者又构成次对立关系。符号方阵特殊之处还在于其动态特点，它"规定了一个固定的路径：从 S2 经非 S2 到 S1，从 S1 经非 S1 到 S2"（Joseph Courtés：153）。对立项 S1 与 S2 之间不能直接转换，而要经过个各自的矛盾项，才能达到对立项。根据选取的文本整体内容，我们发现四个义素的发展恰好符合方阵中四个义素的路径，这也是故事中特利斯当在"忠诚"与"背叛"之间的经历路径（见图4）。

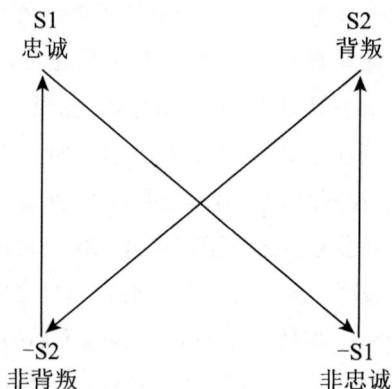

图 4　符号方阵中的主体路径

特利斯当经历了 S1→－S1→S2→－S2→S1，即/忠诚/→/非忠诚/→/背叛/→/非背叛/→/忠诚/。

故事开始，特利斯当远赴爱尔兰迎接伊瑟，就是为了向群臣展示他的"忠诚"："然而，恩重如山的舅父，我愿勉效驱驰，置生死于度外。为让满朝大臣知我一片忠心，特此立誓：只要我不遇难而死，一定把金发美人迎到天梯堡来。"（贝迪耶：16—17）其后，两人在船上误饮药酒，在药酒的作用下，特利斯当与伊瑟相爱。"特利斯当仿佛觉得，心头徒长一株常春藤，勃勃生机，尖刺如戟，香发争发，把他身体，连同全部相思与欲念，紧紧系于伊瑟美艳的玉体。"（贝迪耶：26）虽然特利斯当的心理极其矛盾，确实想克制自己，内心独白中表现了这种挣扎："啊！我想到哪里去了！伊瑟是你王后，我只是你臣属。伊瑟是你妻子，我只是你外甥。作为你妻子，伊瑟于理不该把我爱。"（贝迪耶：28）但是"待到夜幕降临，在驶往马克国土的飞舟上，他们永缩同心，纵情于爱的欢娱之中。"（贝迪耶：29）特利斯当偏离/忠诚/，走向了/非忠诚/，而且/非忠诚/蕴含着之后的/背叛/。回国后，国王与伊瑟结婚，王后与骑士之间的爱情始终处于/秘密/层面。在女佣的安排下，两人得以欺骗国王，多次在密林中幽会。国王多有疑虑，但无法找到证据，所以还是相信了他们，伊瑟依然是王后，特利斯当仍然为国王心中忠诚的骑士。终有一次，在奸臣的巧妙设计之下，国王亲眼见到两人偷情的证据，于是决心处死两人。特利斯当救回伊瑟，选择与伊瑟两人生死相依。我们可以把两人开始逃离王宫，在森林里开始生活，看成彻底/背叛/国王的表现："他（国王）把伊瑟弃与癞人，伊瑟当然不再归他而属我所有了"（贝迪耶：66—67）；"我宁可跟伊瑟沿路乞讨，吃树根草皮，也不愿弃她而去做大国皇帝"（贝迪耶：57）。

但正如之前分析，如果故事就此结束，特利斯当最终只不过是一个叛逃的骑士。国王在树林发现两人行踪而对其赦免的举动感动了特利斯当，特利斯当认为："哦！我认出来了，舅父：不是因为害怕，而是出于慈爱，才有意从宽发落……不过，他虽有疑心，犹存希望，感到我没有诳言胡语，愿意把事情弄个水落石出，喔！仁慈的舅父，求上帝帮我在决斗中打赢，或你重新披盔带甲，效犬马之劳!"（贝迪耶：66）"披盔带甲、犬马之劳"都可以看成骑士对国王/忠诚/的具象表现。可见，特利斯当已经有从/背叛/到/忠诚/的"欲望"。然而正如符号方阵所示，两个对立项之间并不直接转变，而是要经过一个矛盾项，从/背叛/到/忠诚/经过/非背叛/。国王接受特利斯当的请求，接纳伊瑟回宫，直至特利斯当遵守自己的诺言离开王国，远离他乡，期间发生的故事可以看成义项/非背叛/的形式表现，因为处于与王后合与分之间，以及对过往背叛与忠诚之间的过渡状态。最后，特利斯当伪装成驼背香客抱王后渡河举行审判礼，帮助伊瑟骗过大臣，如此伊瑟才敢许下誓言，顺利回到王宫："我发誓，除我夫君马克王与刚才在诸位面前跌倒的那穷香客，世上别无其他男子拥抱过我。"在选段的结尾，特利斯当最终离开，信守诺言，让国王相信了骑士的/忠诚/，完成了符号方阵的叙事路径。

4 结语

《特利斯当与伊瑟》这部骑士故事诗内容丰富，本文节选其中主要章节进行分析。表层结构上，本文主要尝试叙事结构分析，针对叙事中的状态和转换，整体分析特利斯当与国王两个主体与对象伊瑟之间的获得与失去关系，以及叙事中呈现的/真实/与/表象/。我们发现，行动元特利斯当经历了从/秘密/到/真/再回到/秘密/，而国王经历了从/幻觉/到/假/再回到/幻觉/的过程。这也回应了特利斯当与伊瑟两人之间"不可能的爱，不得其所爱的爱"（贝迪耶：12）。特利斯当只得其心，而不得其人，两人的爱情多处于"秘密"中。

深层结构方面，我们提取/忠实/与/背叛/作为深层对立项。骑士特利斯当与王后伊瑟之间的爱是"不可能的"。作为骑士，特利斯当应当效忠与国王，然而却偏偏爱上了王后。特利斯当的"忠"与"爱"其深层反映了"忠诚"与"背叛"的对立："忠"

意味着与爱人分开，只能偷偷相会；如果选择与爱人双宿双飞，对于骑士而言，"爱"又意味着"背叛"，最后特利斯当也就陷于爱而不得其所爱的窘迫之中。

参考文献

［1］ Greimas, A. J. et Courtés, J. *Sémiotique：dictionnaire raisonné de la théorie du langage* ［M］. Paris：Hachette, 1979.

［2］ Groupe d'Entrevernes. *Analyse sémiotique des textes* ［M］. Lyon：Presses Universitaires de Lyon, 1979.

［3］ Courtés, J. *Analyse sémiotique du discours. De l'énoncé à l'énonciation* ［M］. Paris：Hachette, 1991.

［4］ A. J. 格雷马斯. 论意义：符号学论文集（上册）［M］. 吴泓缈，冯学俊，译. 天津：百花文艺出版社，2011.

［5］ A. J. 格雷马斯. 结构语义学［M］. 蒋梓骅，译. 天津：百花文艺出版社，2001.

［6］ 贝迪耶. 特利斯当与伊瑟［M］. 罗新章，译. 北京：人民文学出版社，2003.

［7］ 菲奥娜·斯沃比. 骑士之爱与吟游诗人［M］. 王晨，译. 上海：上海社会科学出版社，2013.

［8］ 余志平. 论《爱经》与《特利斯当与伊瑟》的爱情观念［J］. 重庆师院学报（哲学社会科学版），2000（2）：49-55.

［9］ 张新木. 法国小说符号学分析［M］. 北京：外语教学与研究出版社，2010.

［10］ 张智庭. 法国符号学的过去与今日［J］. 外国语文，2022（4）：1-12.

Opposition of loyalty and love：semiotic analysis of *Tristan and Iseult*

Huang Chaobin

（Guangdong University of Foreign Studies）

Abstract： *Tristan and Iseult* is a classic novel of medieval French literature. As a knight, Tristan must be loyal to the king, but he fell in love with the queen Iseult. This forbidden love is destined for tragedy. This novel therefore represents courtly love, but it is characterized by its tragic nature. This article chooses to study chapters III to XII of the novel, more precisely those in the adapted version of Bédier, specialist in medieval literature. We practice the method of semiotics, developed by Greimas and Courtés, in order to study surface structure and deep structure. This will include the narrative program, the veridictory square, and the semiotic square. The objective is to analyze the knighthood through the study of the narrative form as well as the structure of the story.

Keywords: Greimassian semiotics; semiotic square; veridictory square; *Tristan and Iseult*; courtly love

作者简介

黄超彬，语言学博士，广东外语外贸大学法语系教师。研究方向：法国话语理论、文学话语分析、语言符号学。

《哈姆雷特》情感意象图式的符号学分析

刘源佳

摘　要： 文学是符号的艺术。它以情节符号、人物符号和语言符号能指三元素传达作家的创作意图。符号论美学原理表明，戏剧是听觉的符号象征与视觉的符号图像的有机结合。《哈姆雷特》以其完美的戏剧美学范式受到广泛研究，从性格悲剧、艺术特色、人文主义思想、宗教观念到比较研究、汉译研究等，成就斐然，角度和视点几乎面面俱到。因此，本文拟基于索绪尔和皮尔斯符号学原理，选取《哈姆雷特》的情感意象图式，通过细读之法，从符号的图像关系、标志关系和象征关系三个方面分析《哈姆雷特》这一悲剧范本的情感—语言接口艺术，揭示其美学属性和经典性构成，即艺术符号化驱动下的情节设计中的自然叙事与非自然叙事的张力、人物塑造中的伦理偏移与道德臧否的矛盾，以及其符号化呈现方式——语言运用中的言语行为与褒贬语力的同构关系等，使这些文学符号机制成为深入理解莎士比亚的创作艺术和繁荣我国戏剧事业的一个新的视窗。

关键词：《哈姆雷特》　情节符号　人物符号　语言符号

1 引言

文学是符号的艺术。符号论美学原理表明，戏剧是听觉的符号象征与视觉的符号图像的有机结合，而《哈姆雷特》通过王子复仇的情节符号、人物符号和语言符号能指三元素表达人类面临悲剧事件时的情感意象图式，受到广泛研究，从性格悲剧、艺术特色、人文主义思想、宗教观念到比较研究、汉译研究等，视角多样，成就斐然，成为哲学家、美学家推崇和文学家、艺术家效仿的完美的戏剧美学经典范式；更是受到著名哲学家兼美学家黑格尔的多次赞誉，仅在其名著《美学》中的学理点赞就不下十余次。在我国，仅汉译本就至少有出自田汉、梁实秋、朱生豪之手的二十余种。那么，作为莎士比亚创作成熟期（1601—1608年）的巅峰之作，《哈姆雷特》究竟以何魅力四百年来一直为世人所景仰、模仿、研究，奉为圭臬呢？研究表明，这首先得益于它所承载的伟大而深刻的悲剧性和惊心动魄的悲剧情感。因此，本文拟在细读作品的基础上，基于索绪尔和皮尔斯符号学，从图像关系、标志关系和象征关系入手分析《哈姆雷特》的情感意象图式，即通过对《哈姆雷特》艺术符号化驱动下的情节设计中的自然叙事与非自然叙事的张力、人物塑造中的伦理偏移与道德臧否的矛盾，以及其符号化呈现方式——语言运用中的言语行为与褒贬语力同构下的情感—语言接口的符号学分析，考察《哈姆雷特》悲剧美学的深刻内涵和创作艺术的符号范式力量，以及在达成"一般艺术的最高层"（黑格尔，1997：240）的经典性过程中的示范作用。

② 基于图像关系的情节符号设计

人是符号的动物，因为人创造符号世界，又置身于世界，受到符号的左右；符号是人类的存在方式，因为符号承载人类的思想情感，成为人类情感意象图式的外化形式。所谓情感意象图式（Emotional image schema），是指人们在长期感知外界的日常身体经验中所建立起来的恒长情感反应样式和表达机制，即主体根据认知结构对外界刺激所做出的肯定或否定的情感反应范式；在原理上，以体验哲学为基础，源于个人的身体图式化经验和移情映射作用（Lakoff & Johnson，1999：6），是人们对外在刺激做出相应的估量、评价和应对的心理基础；在哲学上，它作为"纯粹感性概念的基础"的先验图型，是"想象力的产物"和"略图"（康德，2000：186—189）。Lakoff 认为："如果没有这种样式，我们的经验就将一团糟，并不可理解。"（王寅，2007：174）因此，本文拟采用符号学奠基人索绪尔和皮尔斯的符号学思想，努力探寻《哈姆雷特》情感意象图式符号化的三种表征方式及其合力：基于图像关系的情节符号设计、基于标志关系的人物符号塑造和基于象征关系的语言符号运用。

在被广泛接受的皮尔斯的"表演的三合一关系"里，符号被划分为这样三种关系：图像（icon）、标志（index）和象征（symbol）。（霍克斯，1987：131）据此，《哈姆雷特》的情感意象图式可分解为：浓缩生活经验的情节符号、推动情节发展的人物符号和昭示人物心声的语言符号；其符号化过程为：通过悲剧情节的展开和人物命运的走向，唤醒观众对忍受非凡痛苦的生理体验，激发他们对舍生取义的崇尚情绪，使生活在舞台上的人物与身历其境的观众形成审美对峙；通过艺术语言对可怕力量的描绘和对灾难性结局的渲染，唤起观众在怜悯和同情中超越恐惧、赞美英雄，在振奋和鼓舞中向往理想化的生活，完成文学的教育功能。

符号就是行为（王铭玉，2005：22）。根据图像关系的基本原理，即"符号和其对象有共同性质"（王铭玉，2005：21）。《哈姆雷特》情感意象图式符号化为力的图式，即力的运动及其结果。这种力的符号化运动驱动和管规着情节符号的走向和人物悲欢离合的进程。"力，形之所以奋也。"（墨子）一般而言，情感向上时，人会开心、快乐，或神采飞扬；情感向下时，多半灰心、压抑，或走向极端，而当情感波动时，又会徘徊于成功与失败之间，或犹疑于果敢与软弱两端，在焦虑中痛苦不堪，情感的这种运动趋向赋予情节符号以独特的艺术魅力，成为情感艺术符号。根据叙事学原理，这种单向顺意或沮丧的情感图景正是恪守"模仿规约的"自然叙事所恒常捕捉的对象，只有拂逆意愿的意外变故才能更加彰显作品的文学性和戏剧性，成为通过反模仿事件、人物、场景或框架而违反自然叙事规约的非自然叙事手法的最爱。如托尔斯泰所言："幸福的家庭都是相似的，不幸的家庭各有各的不幸。"相似的幸福不足为奇，只有形形色色的不

92

幸才更引人注目。这两者及其案例构成情节符号的能指，而它的所指正是这种以自然叙事为追求的非自然叙事所体现出的《哈姆雷特》的情感意象图式：（父王宠爱时的）快乐→（父王被害后的）痛苦→（复仇中的）悲壮。这种情节符号的剪裁艺术，构成情感意象图式的符号实现手法，成就了作品的经典性。列表描写如表1。

表1　情节设计的符号学原理

主题符号	能指			所指（作者意图）
	自然叙事	非自然叙事	情节案例	
前程	哈姆雷特学成回国继承王位	突然的变故粉碎了一切美好，哈姆雷特被迫装疯	父王的突然亡故，以鬼魂形象的现身；国王的弑君篡位，母后的乱伦改嫁	反衬自然生活状态的美好
爱情①	哈姆雷特与奥菲利亚两情相悦	哈姆雷特在危难时刻用疯话压抑和扭曲自己的爱情	哈姆雷特装疯造成的误解；她父亲被哈姆雷特误杀造成的打击；落水溺亡	歌颂爱情的纯洁
友谊	罗森格兰兹等朋友，儿时情同手足	利欲熏心，成为帮凶，死于他乡	帮助国王刺探哈姆雷特疯癫的原因，带着国王借刀杀人的密信前往英国	证明友谊需要生活的磨砺
亲情	先王家庭和睦温馨；用波洛涅斯与子女的天伦之乐作为对照	宫廷争权夺利，伦理失衡，骨肉相残，家破人亡；波洛涅斯与子女也卷入漩涡而死	先王死于亲弟之手；国王弑兄娶嫂，毒杀亲侄；王后乱伦改嫁国王，又死于国王的毒酒；哈姆雷特死于复仇的理性和天性的善良；波洛涅斯死于误杀，儿子死于比剑阴谋，女儿溺亡	倡导符合伦理规范的家庭幸福
官场	先王君臣同心，造福家国	国王僭越篡位，朝臣是非不分，君臣沆瀣一气，为非作歹	波洛涅斯利用女儿的爱情和王后的母仪为国王对付哈姆雷特而多次试探	讽刺官场流弊
复仇	哈姆雷特立志手刃仇人，报仇雪恨	力量悬殊导致他装疯，焦虑，延宕，错失机会，反被毒杀	时疯时醒，利用《捕鼠器》设计戏中戏试探，在国王祈祷时放过他，最终死于比剑阴谋	说明复仇需要铁石般的意志
生死观	人本应顺应天时，寿终正寝；尊重逝者	剧中人物由于国王的伦理犯罪都生于惊恐，死于非命；哈姆雷特在基地调侃骷髅和亡人	国王惊恐于哈姆雷特的复仇，哈姆雷特惊恐于国王的毒手，王后惊恐于儿子出意外；哈姆雷特戏说蛆虫给骷髅伴寝	强调正确的生死观

　　上述分析表明，在情节符号形成的这种辩证关系里，非自然叙事的反模仿与冷峻是

---

① 剧中有列出两种爱情作为对照：先王与王后"纯洁真诚，信守盟誓"；国王与王后的爱情是"乱伦的、奸淫的畜生"与"淫妇"的"无耻的兽欲、卑鄙无耻的背叛"（Ⅰ.5.43—50）。

为了引导读者更加热爱和珍惜处于自然叙事状态下的温馨与美好，通过相关案例的表层展演，从文学事件的正反两面向观众揭示文学的本质，实现其道德教诲价值。

在《哈姆雷特》里，推动情节符号走向悲剧性的动力是先王死于阴谋时所造成的政治"漩涡"（a gulf）。这个"漩涡"符号表明，"君主的薨逝不仅是个人的死亡，它像一个漩涡一样，凡是在它近旁的东西，都要被它卷去同归于尽"（Ⅲ.3.15）①。这种可怕的漩涡必然会使一切都在悲剧中终结，完成情节符号的闭环式结构。

"漩涡"之力是有向度的。在《哈姆雷特》"漩涡"的正向度上，作家巧用力的向度原理，使剧中人物及其欲望顽强地坚持着各自的方向，又不可避免地相互纠结、刺激、冲撞、鱼死网破，直至消亡，形成情节符号的完整图像关系：在"漩涡"运动的巨力搅动下，国王谋杀篡位的乱伦（打破了生活中原本的情感平衡，导致）→哈姆雷特被迫奋起捍卫道德秩序和重整乾坤的义举（形成复仇过程中愤怒、自责、徘徊的情感波动和比剑阴谋里孤注一掷的果敢，导致）→鹬蚌相争的你死我活的悲惨结局，在毁灭中昭示人性的善恶与价值。

在"漩涡"的反向度上，作家通过展现在这个无情的悲剧"漩涡"里由乱伦的阴谋篡位和悲壮的复仇行动交织而成的角力，深刻揭示和体现了引起悲剧"漩涡"的内在规律和运动轨迹。尤其是在力量悬殊的背景下，剧中的抗争人物被迫压抑自己的情感和行动，以屈伺机，由此出现了各种扭曲的异常表现，令人扼腕，比如：先王以魂魄现身，哈姆雷特的装疯避祸、优柔自责，雷欧提斯的冲动与中计，奥菲利亚的伤心失常，最后都惨死在戏剧精心设计的致命要件上——毒剑、毒酒、奸恶的阴谋。这一切昭示了乱伦犯罪所造成的与人类基本道德规则的冲突与后果，显示出情节符号的精湛表现力。

在经过艺术概括的情节符号里，"情绪表现得愈激烈，剧本的兴趣就愈浓厚"（狄德罗语，见伍蠡甫，1984：78）。在情感向度的交织线上，高明的莎士比亚根据情感意象图式娴熟地操控着这个"漩涡"的进程与力度，使复仇行动的缘由和动力，悲剧事件的运动与结局，环环相扣，高潮迭出，使这一切好像"都是命运预先注定的"。在这个死亡"漩涡"里，作家设计了一组经纬交错的清晰而险恶的绞杀线，即（1）哈姆雷特的复仇行动，毁灭线（主线）→与之紧密交织着的两条推动冲突悲剧的情感分线：（2）雷欧提斯的复仇行动，死亡线（副线）+（3）挪威王子福丁布拉斯的复仇行动，受益线（终点线）。这种力量悬殊式的复仇图景和阴谋四伏的生存场景使主人公哈姆雷特在冲破阻碍、实现复仇的路途上，每一步都遭受着"生存还是毁灭"的内心折磨，每一刻都存在着对人类的赞美与怀疑的信任危机，直至死于谋杀，成为伟大的悲剧英雄，显示出图像关系的符号学本质。

可见，戏剧的力量诞生于情节符号基于图像关系充分调动能指和所指的张力而形成

---

① 文中均引自 *Hamlet*，edited by Roma Gill M. A. Cantab. B. Litt. Oxon.（Beijing：Oxford University Press，1997），而译文引自《莎士比亚全集》（第九卷），北京：人民文学出版社，1988 年。

的艺术表现力和感染力。它能够引导观众在这种审美情感的认知框架里通过对不可知而又不可抗拒的命运之神的审美观照而获得审美享受，获得艺术享受。

3 基于标志关系的人物符号塑造

根据皮尔斯的思想，标志关系是指"符号和其对象有存在性关系"（王铭玉，2005：21），即"某种事实的或因果的关系"（霍克斯，1987：131）。在情节符号系统中，情节和人物互为价值，一个情节关涉众多人物，而众多人物的活动构成一个完整的情节。因此，在一部作品的有限的艺术空间里，如何设计、选取和塑造人物形象，使之成为体现标志关系的艺术符号和审美对象，就考验着作家的艺术水准。《哈姆雷特》的成功之处在于，它丰满而精炼地再现了在伦理矛盾冲突中人物情感与命运较量的内在逻辑（因果关系）及其戏剧运动，即权力魔杖刺激下克劳迪斯觊觎皇位而谋杀篡位的"奸恶阴谋"与道德杠杆撬动下哈姆雷特复仇匡复的家国情怀的伦理博弈，使阳谋与阴谋双方在势不两立的激荡中形成漩涡死结（事实关系），在这种存在性关系里彼此走向悲剧。

情随事迁。在悲剧美学中，伟大而美好的事物常常被"按照可然率或必然率可能发生的事件"（亚里士多德，1982：28）所摧残和毁灭，由此改变和支配剧中人物的言行和情感状态，改塑着人物的形象、性格和命运，形成戏剧人物符号，成为作家创作理念实现的能指。在《哈姆雷特》中，每一个被塑造的人物符号都是作家按照情感意象图式和舞台艺术特点精心设计和选取的，他们既是情节的关键人选，构筑情节又推动情节，又是作家思想观念的承载者和情感态度的代言符号。因此，在人物被艺术符号化的过程中，作家必须对其性格、人品、外貌、教养等进行严格的审视和精细的加工，理清其标志关系，使其个个精彩，处处到位，符合舞台和观众要求。如果只是对人物性格做如常录写，比如：胆汁质的急躁，多血质的乐观，抑郁质的怯懦，黏液质的固执，等等。那么，这种缺少特殊环境及其特定动机中的特定人物的肤浅书写就只不过是生活的流水账，难以使剧中人物成为文学符号；只有展现人物在"命运的暴虐的毒箭"和"人世的无涯的苦难"的引爆下所遭受的情感起伏、性格变迁和命运沉浮，展现人物在不幸面前的灵魂挣扎、生死抉择与内忧外患，以及迫使他们走向自己反面的原因，才能营造出作品的戏剧冲突，完成人物的艺术符号化。《哈姆雷特》正是这样的成功范例。

细读作品可以发现，在莎士比亚笔下，人物符号的塑造与其所处剧情语境之间存在这样三种存在性关系：事实关系、因果关系和综合关系。

3.1 命运纠结的事实关系

在《哈姆雷特》里，每个人物都是情节的制造者和支撑者，彼此存在着千丝万缕的事实关系。资料显示，《哈姆雷特》取材于古老北欧的一个王子复仇的传说，以及丹麦历史学家萨克索所著《丹麦史实》中的《阿姆列特》。其基本剧情是，先王的兄弟克劳狄斯趁先王熟睡之际谋害了他，篡夺了王位，迎娶了王后，并预谋杀害王子，而王子的复仇决心与行为更加剧了剧情的冲突与凶险。《哈姆雷特》是在这种事实关系的基础上塑造各色人物的。在《哈姆雷特》里，先王化作鬼魂警醒哈姆雷特，引发剧情，成为他复仇的开端；国王和王后新的伦理关系造成哈姆雷特的情感波动和处境艰难，朝臣波洛涅斯构成剧情的连接线。奥菲利亚与哈姆雷特的爱情成为哈姆雷特装疯复仇的佐证。在由篡位、谋杀与复仇等情感事件交织而成的"漩涡"中，雷欧提斯、奥菲利亚和哈姆雷特死于青春，波洛涅斯、罗森格兰兹和吉尔登斯吞死于功利和愚忠，王后死于愚昧和软弱，都让人痛惜，只有罪魁祸首国王克劳迪斯终于在他亲手设计的阴谋杀戮里死于哈姆雷特的复仇之剑，让人快意。这三条复仇之线由于各种目的和矛盾的冲突在各自按其事态性质挣扎着向前发展，加强了人物的艺术符号化过程。可见，处于如此悲剧环境中的各色悲剧人物，其命运必然是悲剧的。诗人莎士比亚试图用这一弑君篡位、子报父仇的悲剧性结局告诫世人一个伦理规则：切忌贪婪和僭越。

3.2　生死交织的因果关系

　　《哈姆雷特》是由人物的悲剧境遇与命运的因果关系所演绎出的一曲最完美的伦理挽歌，"唤起我们灵魂中崇高而庄重的感情"（朱光潜，1989：337），崇高而壮美。这反映在人物符号的艺术塑造上。在作家笔下，哈姆雷特作为丹麦王子、王室的合法继承人，原本快乐、高尚、伟大，胸怀高远的理想，有一颗"高贵的心"（a noble mind），代表着善良和美好，是"国家所瞩目的一朵娇花"（Ⅲ.1.156）。但是，突然的变故改变了一切，使他被迫肩负艰难的复仇重任，却因环境的险恶、力量的单薄和亲情的阻碍而延宕、犹豫，因相信命运而错失良机，反而中计被害。国王克劳迪斯生性贪婪无耻，是"乱伦的、奸淫的畜生"（Ⅰ.5.43）、"败坏伦常、嗜杀贪淫、万恶不赦的丹麦奸王"（Ⅴ.2.330），却因贪念和狡诈，弑兄娶嫂，篡夺王位，加害王子，篡夺哈姆雷特嗣位权，屡屡得手，成为恶毒和堕落的化身。大臣波洛涅斯因久居官场，老奸巨猾，成为国王作恶的帮凶。因为表忠心，倚老多事，被哈姆雷特误杀。又因为人父，成为奥菲利亚之死和雷欧提斯复仇身亡的原因。剧中的每个人物作为戏剧符号，都履行着自己独特的功能，成为《哈姆雷特》成功的不可或缺的因素。可见，文学创作是一种剪裁艺术，选取哪些情节、人物与环境，设定哪些故事与关系，选用哪些言辞和表达方法，哪些事情放入独白里、哪些放入人物对话中，都既要依据剧情，更体现了作家的创作境界。这充分验证了符号和其对象的存在性关系。

3.3　审美营造的综合关系

　　根据符号学原理，每一个艺术作品都是一个微型符号系统。在这个系统中，情节符号、人物符号与语言符号的关系是错综交织的，"每一个要素的价值完全来自同时存在的其他要素"（索绪尔，1999：114），构成情节场景、人物形象和语言表达的审美关系。突发的乱伦事件和灾祸，使哈姆雷特与国王的伦理关系从叔侄一下子变为父子、君臣，使母子关系变成了婶侄。由此，哈姆雷特陷入身份的伦理困境，被扭曲成为一个悲情王子、复仇王子、被毁灭的王子，无所适从：在人前"故意装出一副疯疯癫癫的样子"，行尺蠖之屈的策略；背地里却在生活的丑恶和复仇的重任的双重压力下痛不欲生，使他的语言时而合理，时而混乱，在伦理两难的选择中走向了毁灭。这一悲壮而光辉的英雄气概赢得了观众的惋惜、惊奇和赞美。作家的高明之处在于他巧妙地利用情节中不同情感冲突和伦理场景多侧面地展示哈姆雷特形象的符号化过程：剧变前的幸福时光（快乐）→父王葬礼时的被动接受（悲伤）→父王魂魄现身的震惊（惊讶＋愤怒）→等待复仇时机时的被迫装疯（恐惧＋焦虑＋自罪感）→寻找证据时的演戏试探（欣喜＋厌恶）→识破国王借刀杀人时的勇敢（蔑视＋兴奋）→海上死里逃生时的机智（畅快＋痛恨）→经过坟场时对骷髅的调侃（愉悦＋预感）→被阴谋拖进决斗时的殊死搏杀（绝望＋快意），被"骄傲的死神"用残忍的手腕变成了"丰美的盛宴"，展现了基于综合关系的审美营造过程。

其他人物符号的价值也只有在作家所设定的《哈姆雷特》的剧情系统中才能充分体现出来，由此强化人物符号的综合关系。比如哈姆雷特与霍拉旭、罗森格兰兹和吉尔登斯的关系，这四个人物也构成一个微型系统。从剧情看，哈姆雷特与这三位都是朋友，但是作家在剧中人物表里却标明：霍拉旭被哈姆雷特引为知己，而后两位乃令哈姆雷特厌恶的朝臣；在情节设计上，霍拉旭是剧首里最先并唯一知晓哈姆雷特因鬼魂出现而疯癫的真实原因，而在剧尾唯一知晓哈姆雷特伪造国书而死里逃生的事实，接受哈姆雷特临终嘱托（"替我传述我的故事吧"），并悲壮地赞美哈姆雷特之死（"一颗高贵的心现在碎裂了！"）的人，成为正面的人物符号。反观罗森格兰兹和吉尔登斯二位，虽为哈姆雷特的儿时朋友，却以官场之习性，助纣为虐，帮助国王起初刺探哈姆雷特的装疯原因，并成为国王给英国传递国书以借刀杀人的信差，最终因其"阿谀献媚断送了他们的生命"，成为夹在两强之间的"不自量力"的反面人物符号，构成人物间的综合关系。

作为源于生活又高于生活的艺术符号，每个人物的性格既是自身命运的根源，又在结构系统中成为他人苦乐生死的诱因。在生活的急剧变动中最易于辨识和检验一个人的品格和本质。比如在父王被谋杀的血腥惨痛、母亲的背叛等突发伦理变故和危机四伏的生存险境中，是选择挑起替父报仇、重整乾坤的重担，还是认贼作父、随波逐流，这种致命的抉择将哈姆雷特置于进退两难的窘境。正是这种复仇的延误，影响了他对国王卑劣行径的及时揭露，既导致他死于最后的决斗陷阱，又牵连到他身边亲朋好友的不幸和死亡，母亲死于毒酒，女友奥菲利亚之父死于误杀，奥菲利亚也因蒙蔽于哈姆雷特的"背叛"而致疯并死于溺水，奥菲利亚的哥哥也因不明真相而死于跟哈姆雷特的决斗。

文学是生活的教科书。《哈姆雷特》中由国王的贪欲所引起的伦理混乱及其造成的谋杀与复仇相交织的两种情感动机的争斗，以及由此搅动的爱恨情仇及其对无辜者的波及，对人物形象的反转、人物性格的扭曲和人物命运的捉弄，充分展现了内心情欲的泛滥是造成人性疯狂和命运多舛的伦理根源，成为人物符号的深刻内涵。这虽然是剧中情节发展之需要，更是成功的人物符号的艺术魅力。

4 基于象征关系的语言符号运用

根据皮尔斯的思想，象征关系是指"符号具有代表该对象的意义，并具有任意性"（王铭玉，2005：21）。它以自然语言为标志，根据某些惯常的或习惯的人为联想规则而起作用。语言作为艺术符号，其功能主要是自指，自我指称，"能指作为所指在起作用"（霍克斯，1987：70）。然而，言为心声，纯粹自指的符号是不存在的。在文学这种由语言符号构筑而成的言语作品中，每一个词语虽然并不直接指称客观世界的具体事物，但却被赋予了勾画艺术图景、渲染艺术气氛、表达艺术情感的表现功能。因为作为第一级的符号系统，语言"是形式而不是实质"（索绪尔，1999：169），那么作为第二级的符号系统，语言符号就成为表达情感的艺术形式和表征情感意象图式的艺术符号了。

根据艺术符号学原理，语言符号的艺术功能在于增强"符号的可触知性"，通过独特的音响形象、措辞和句法，把观众"唤醒"（霍克斯，1987：86，70）。因此，戏剧语言符号不是小说那样的描写语言，不是论文那样的推理语言，不是演讲那样的鼓动语言，不是诗歌那样的抒情语言，也不是散文那样的闲适语言，而是一种"凭其艺术的伟大"，"凭形式去征服材料"（席勒语，见朱光潜，1987：442）的，有机地融合了上述语言的优点和魅力，集鼓动、描写、抒情与美育功能于一体的雅致的激情口语。这种语言符号并不指出某种外在的现实，而是在艺术系统中用语言描绘事物，褒贬人物，表达爱憎，比如：赞美、谴责、讽刺、命令，以实现情感意象图式。为了实现语言符号的这种美学功能，《哈姆雷特》中至少运用了如下语言手法：明喻、隐喻、转喻、夸张、拼贴、曲笔、混搭等，尤其是充满气势的排比，华丽贴切的修饰，美丑悬殊的对照，出其不意的取譬。它们或成功地描绘一幅幅惊心动魄的戏剧场景，栩栩如生；或塑造一个个丰满鲜活的人物性格，如在眼前。难怪黑格尔都由衷地赞扬他："一眨眼就来一个形象和比喻。"（黑格尔，1997：324）充分显示了莎士比亚赋予台词以表演性舞台语力的过人语言能力。

《哈姆雷特》语言符号的自指功能是人物情感意象图式的艺术实现。它有机地统一史诗的客观原则和抒情诗的主观原则，"将等值原则从选择轴弹向组合轴"（霍克斯，1987：70），通过非自然叙事和自然叙事的对照，寓教于乐，雅俗共赏，使剧中语言符号呈现出这样三种象征关系：在语辞上，用于自然叙事的多是优美又富于哲理的雅词语，非自然叙事的却多是粗俗、低级、愤懑的詈词俗语；在语气上，自然叙事里多表达赞美、颂扬的肯定，非自然叙事里却多是鄙视、蔑视、谩骂的否定；在语力上，为实现象征关系，又表现为三种形态，即以言述情、以言成情和以言造情。这种情感化的语言符号，在作家的生花妙笔下，以其富于个性的音响—形象①及其美妙组合，构筑出新颖的艺术画面和诱人的想象世界，激发观众关注舞台上的举手投足，跟随演员的抑扬顿挫，感受人物在自然的残酷摧残和历史的毁灭性打击进程中的悲欢离合。

4.1　以言述情

通过语言符号表达复杂的情绪态度和对世事的臧否。比如先王鬼魂的诉说，哈姆雷特的几次内心独白，哈姆雷特与奥菲利亚会面时的胡言乱语，哈姆雷特在墓地的调侃话语，国王的忏悔和自我剖析时的真情流露等剧中名段，句式多样，波澜起伏，激情洋溢又富于哲理，或自我剖析，批评世道，或总结人生经验，展露世间百态。再如关于"死"，国王要让"殡葬的挽歌和结婚的笙乐同时并奏"，讽刺其虚伪；王后劝儿子时说这是"从生活踏进永久的宁静"（Ⅰ.2.5—10），符合其女性身份；奥菲利亚说父亲的死是被"放到寒冷的泥土里"，委婉且悲伤；哈姆雷特在回答国王关于波洛涅斯的尸体时指其在"给蛆虫受用"，闪烁其厌恶与愤怒。

4.2　以言成情

通过语言符号唤醒对方的褒贬爱憎。比如在面对先王的新丧时，语言符号很好地传达出人物各自的品格和爱憎。国王用冗余的排比"在一种悲喜交加的情绪之下，让幸福和忧郁分据我的双眼，殡葬的挽歌和结婚的笙乐同时并奏，用盛大的喜乐抵消沉重的不幸"（Ⅰ.2.5—7）渲染其成功的喜悦，实则饱含讥讽和鄙夷；王后用委婉语"在泥土之中找寻你的高贵的父亲"表达她的慈爱，实则讽刺她的求全和谨慎；而此时的主人公哈姆雷特爱恨交加，创巨痛深，语言手法多样，情感丰富，如感叹句："啊，但愿这一个太坚实的肉体会融解、消散、化成一堆露水"，表示诅咒；隐喻句"（人世间）是一个荒芜不治的花园，长满了恶毒的莠草"，表示绝望；对照句"（新旧国王）简直是天神和丑怪"，表示赞美与鄙夷；明喻句"她会依偎在他（国王）的身旁，好像吃了美味的食物，格外促进了食欲一般"，表示厌恶；呼吁句"脆弱啊，你的名字就是女人""可是碎了吧，我的心"，表示责备与痛苦；夸张句"她在送葬的时候所穿的那双鞋还没有破旧"，表示憎恨；比拟句"一头没有理性的畜生也要悲伤得长久一些"（Ⅰ.2.129—159），表示痛心；等等。它们合成一组激烈的情感句群，表达他的愤怒、憎恶、无助的复杂情感，彰显出语言符号象征关系的艺术真谛。

---

① 符号是语言的所指/概念和能指/音响形象的载体，音响形象又是"心理印迹"和"声音表象"（索绪尔1999：102，101），是表情达意的最佳艺术材料。

4.3 以言造情

通过语言符号创造情感艺术世界。哈姆雷特痛斥母亲的这场戏是全剧的高潮，是语言艺术经典中的经典。父王的突然离世，让哈姆雷特悲痛不已，国王的阴险和猥琐更让他痛苦、厌恶又愤怒，而母后的乱伦改嫁与仇敌的沆瀣一气，更让他恨其不争，出于尊敬，哈姆雷特一直隐忍未发，只是背地里使用了一些表示不敬、轻蔑和斥责的话语表达不满，如对照句"只有一个月的时间，她那流着虚伪之泪的眼睛还没有消去红肿，她就嫁了人……迫不及待地钻进了乱伦的衾被"。而先王鬼魂所用的"贞洁的女子"和放浪的"淫妇"（Ⅰ.5.53）的对比、"丹麦的御寝"与"藏奸养逆的卧榻"的对比，"上天的裁判"与"内心荆棘的刺戮"（Ⅰ.5.86）的关联，这些符号象征关系更增强了哈姆雷特对母后的深责、仇视和痛恨。由于误将母后的努力维护当作懦弱、无耻和狼狈为奸，哈姆雷特当时就得出结论：母后是"最恶毒的妇人"（Ⅰ.5.105），"要用利剑一样的说话刺她的心"（Ⅲ.2.387）。这些积怨太深的情感直到母子相见正面交锋时，终于如火山之喷发，犹洪水之奔泻。哈姆雷特忍无可忍，情急之下，每句话都尖刻、无情，极尽讽刺与谩骂，直刺心窝，烈过刀割，虽畅快淋漓，可是诗人却处理得非常巧妙：高下美丑，参差错落。充分显示了哈姆雷特高贵的灵魂和良好的教养。试简析如下。

交锋伊始，就是一句重复性的错位对比句："你/您已经大大地得罪了你的/我的父亲啦"，"来，来，不要用这种胡说八道的话回答我/去，去，不要用这种胡说八道的话问我"。（Ⅲ.4.7—12）象征两种截然不同的目的和针锋相对的情感，话不投机。随后就是哈姆雷特重炮似的痛击，每一句话美丽而无雕琢，猛烈又不失分寸。在回答王后"你忘记我了吗"时，用一个混搭句"你是王后，你的丈夫的兄弟的妻子"（Ⅲ.4.14）予以讽刺；联系到第三幕的一句话"即使她十次是我的母亲，我也一定服从她"（Ⅲ.2.324），足见他对母亲的不守妇道行为的憎恶程度。在斥责母亲蒙污的贞洁、伪善的美德、虚伪的盟约时，运用了拟人式的对偶句——"苍天的脸上也为它带上羞涩，大地也罩上满面的愁容"，凸显其罪孽的深重。在证明母亲的有眼无珠、丧失理智时，运用了一连串的比喻句颂扬先王天使般的仪表，刻画奸王的卑劣和猥琐。父王"相貌多么高雅优美：太阳神的卷发，天神的前额像战神一样威风凛凛的眼睛，像降落在高吻苍穹的山巅的神使一样矫健的姿态"，而母亲现在的这个丈夫"像一株霉烂的禾穗"，"一个不及你前夫而百分之一的庸奴"，"一个下流褴褛的国王"（Ⅲ.4.64，97，104）。在这些气势恢宏的对比句中人物的高下和美丑昭然若揭。于是，质问母亲："羞啊！你不觉得惭愧吗？……让贞操像蜡一样融化了吧。"（Ⅲ.4.84）提出正义的劝告："即使你已经失节，也得勉力学做贞洁妇人的样子。"（Ⅲ.4.162）整场的语言慷慨激昂，一气呵成，让人荡气回肠，刻骨铭心。

可见，符号的自指功能和审美营造使语言符号上升为表达褒贬臧否的艺术手法。

《哈姆雷特》中如此丰富精美的个性化情感语言符号成就了它的经典地位，使之"对于一切时代都会同样发生效力"（黑格尔，1997：307），四百年来，鹤立于同类作品。

5 结语

综上所述，符号既是"呈现世界的方式"，更是"呈现出的世界"（王铭玉，2004：235）。从符号学视角看，《哈姆雷特》的伟大艺术魅力在于作家合理地利用其深刻的情感意象图式、高远的美学追求和非凡的语言能力，精湛地把握艺术符号的尺度，在情节符号、人物符号和语言符号的完美互动中，营造出以复仇为线索的死亡漩涡的运动规律及其悲剧结局，有力地证明了：情感意象图式是作家创作时所依据的先天略图和成像依据，能指结构是作家的生活态度和文化高度的艺术镜像，而所指内涵是作家艺术水准的集中体现。希望本文能够成为揭示其恒久魅力的新视角。

参考文献

［1］Lakoff, G. & Johnson, M. *Philosophy in the Flesh. The Embodied Mind and its Challenge to Western Thought*［M］. New York：Basic Books，1999.

［2］黑格尔. 美学（第三卷下册）［M］. 朱光潜，译. 北京：商务印书馆，1997.

［3］康德. 纯粹理性批判［M］. 韦卓民，译. 武汉：华中师范大学出版社，2000.

［4］索绪尔. 普通语言学教程［M］. 高名凯，译. 北京：商务印书馆，1999.

［5］特伦斯·霍克斯. 结构主义与符号学［M］. 瞿铁鹏，译. 上海：上海译文出版社，1987.

［6］王铭玉. 语言符号学［M］. 北京：高等教育出版社，2005.

［7］王铭玉，宋尧. 符号语言学［M］. 上海：上海外语教育出版社，2005.

［8］王寅. 认知语言学［M］. 上海：上海外语教育出版社，2007.

［9］伍蠡甫. 西方古今文论选［M］. 上海：复旦大学出版社，1984.

［10］亚里士多德. 诗学［M］. 罗念生，译. 北京：人民文学出版社，1982.

［11］朱光潜. 西方美学史［M］. 北京：人民文学出版社，1987.

［12］朱光潜. 朱光潜美学文集（第五卷）［M］. 上海：上海文艺出版社，1989.

Semiotic Analysis of the Emotional Image Schema in *Hamlet*

Liu Yuanjia

(School of Foreign Languages, Central China Normal University)

Abstract: Literature is an art of symbols. It conveys the writer's creative intention by means of three signifiers: plot symbols, character symbols and language symbols. The aesthetic principle of semiotics indicates that drama is the organic combination of auditory symbol and visual symbol. *Hamlet* has been extensively studied with its perfect drama aesthetic paradigm. It has made great achievements in character tragedy, artistic features, humanistic thoughts, religious concepts, comparative studies, and Chinese translation studies, with almost every angle and perspective. Therefore, based on the semiotic principles of Saussure and Pierce, this paper chooses the emotional image schema of *Hamlet*. Through close reading, this paper analyzes the art of emotion language interface in *Hamlet* as a tragic model, from three aspects: the Image Relation, the Symbolic Relation and the Symbolic Relation of Symbols in order to reveal its aesthetic attributes and classical composition. That is, the tension between natural narrative and unnatural narrative in the plot design driven by artistic symbolization, the contradiction between ethical deviation and moral approval in characterization, and its symbolic presentation mode—the isomorphic relationship between speech act and praise and derogatory force in language use, so as to make these literary symbolic mechanisms become a new window for in-depth understanding of Shakespeare's creative art and prosperity of China's drama cause.

Keywords: *Hamlet*; plot symbol; character symbol; language symbol

作者简介

刘源佳,博士,讲师,研究方向:语言符号学、英汉语对比研究。

基金项目

本文是教育部人文社会科学研究青年项目"框架语义学视域下汉英副词与构式互动对比研究"(项目编号:22YJC740035)的部分成果。

摄影的符号传播与"自我"展现初探

贾耀程

摘　要：读图时代的到来，使以形象见长的摄影成为当下重要的信息传播手段。从符号学角度看，摄影是一个经过复杂编码的视觉符号传播，受众能根据自身经验与知识储备认识与理解符号的客观信息，并形成主观判断。本文将摄影置于符号学视角下进行分析，在分析摄影的符号学内涵和意义输出的基础上，从符号学视角对摄影的传播形态做进一步分析，进而对摄影展现"自我"的艺术语言加以分析，并对"自我"展现的视觉修辞进行探索，以期探求充分展示摄影师的"自我"意识的路径，并对摄影艺术有更深层次的认识。

关键词：摄影　符号传播　自我展现

　　摄影承载着历史记忆，迎合着时代发展，是当今融媒体环境下大众文化传播媒介中的内容主体。作为现代数字科技的催生产物，摄影以镜头视角描述着世间万物的形态变化，记载着人类社会的文化变迁。随着时代的发展，在新媒体技术的支撑下，在"屏幕化"生活状态中摄影以一种"数字图像"的形态存在，并逐渐发展成了人们在生产、生活中获取信息资源的重要媒介，媒体也将摄影传播作为寻求自身生存和发展的强大支撑。现代科技与先进理念也使摄影变得更加多元化，包含的维度越来越广。从符号学视角看，摄影作品是反映客观现实世界的介质，作为一种视觉传播符号携带一定意义，从摄影师的符号编码到受众的符号解码便完成了符号的信息传递，符号学意义得到强化。

1 摄影的符号学内涵与意义输出

1.1　摄影的符号学内涵

　　我国符号学家赵毅衡认为"符号是被认为携带意义的感知"，人类通过符号这一介质进行语义交流。总体而言，人类传播符号包括推理符号和表象符号两大类。推理符号即语言符号，是传递信息的主要载体，包括书写符号和声音符号两种；表象符号即非语言符号，包括图像、视频等各类可直接感知的具象符号。从符号学理论来看，摄影不仅仅是复制现实的介质，还是具有复杂编码意义的视觉传播符号。

　　"现代语言学之父"索绪尔以语言学为基础，认为语言符号是一种两面的心理实体，具有"能指"与"所指"两部分，且二者是任意性关系。对摄影视觉传播符号来说，"能指"即图片对事件的外观呈现，如图片中的人物、场景、光线、色彩与构图等，是受众第一眼所得到的客观性信息；"所指"即受众经过进一步理解所得到的对图片信息含义的内容认识与价值判断。

符号学家皮尔斯以数学、逻辑分析为基础，把符号再现体、符号对象、符号解释项的三元关系作为基准来考虑符号的运作方式以及产生意义的过程。在这一模式下，可将摄影理解为具有编码、解码功能，从而传达社会意义的视觉传播符号。其符号再现体是指图片影像中物质实体的客观表征形式，图片中的拍摄对象就是符号对象，而符号解释项就是传播者在影像中向读者需传达的信息和解释的意义。

1.2　摄影符号传播的意义输出

从符号学视角来看，摄影是通过符号的呈现与传播完成意义表达的。当编码的信息开始传播时，编码者即摄影师就失去了主动权，解码者即受众对不同符号的特定认识及其自身的经验与理解程度形成了多样化的认知。因此，经过编码的摄影符号向受众传播的内容既包括图像客观记录的纪实性，又蕴藏着摄影师意图传达的主观情感。

（1）纪实性

摄影的主要功能是作为一种认识、记录的工具，利用光学成像原理尽可能准确、清晰地将拍摄的事物表象转变为视觉传播符号，使受众通过视觉感知客观、自然地认识事物信息。在符号学语境下，摄影作品指向的是"当时存在的情景"，摄影的纪实性意味着拍摄对象与摄影作品之间一定是一一对应的关系。因此，纪实性是摄影的本质属性。通过照相机拍摄的视觉符号能给人一种活灵活现的"逼真"感，而且还能记录下人眼所忽视的一些微小细节。从认知态度上看，摄影的纪实性能够得到对客观事物的相对认知，在符号上表现为概念。

（2）主观性

尽管摄影是对客观事物的记录，具有纪实性，但这种纪实性是相对的，每一幅摄影作品必然会包含摄影师的主观意图。根据罗兰·巴特在"能指"与"所指"基础上建立的二级符号"意指"系统，主观性即一个物体背后含蓄的内涵意义。一张照片包含了外在因素和内在因素两个层面，再高一层级则是它的隐含因素，其中所连接这些因素的是一段故事、一个片段，抑或是一组意象、一种情感。摄影师常常通过有意识选取拍摄物、有目的地操作照相机等手段融入主观思想，形成表达主体，成为这幅摄影作品的思想内涵，以此完成意义输出。由于这种传输活动服务于不同的目的，在摄影中就是将摄影过程纳入人们认知、借鉴、证明、保存、传播实物形象服务的关系系统。不同的摄影种类记录了不同的社会事件，并传达出特定的思想内涵，如新闻摄影强调事件的客观性与正向思想的引导性。从情感态度上看，摄影的主观性能够体现摄影艺术的创造性，在符号上表现为意象。

2 摄影在符号学视角下的传播形态

摄影师通过对真实存在的可观对象的编码，即多样化的摄影手法传递信息、表现"自我"意识；受众通过解码，即根据自身经验与知识储备理解信息内涵、解读信息意义。从摄影师的创作到形成符号文本，到符号文本的传递，再到受众的接收，可将这看作是"编码—成码—解码"的过程。在这一过程中，摄影符号有着多样的传播形态。同一摄影作品中往往包含着多种类型的符号，是多类型符号传播形态的集合。

皮尔斯根据符号与动态对象之间的关系，将符号分为象似符号（icon）、指示符号（index）和象征符号（symbol）三个类型，这也是现代符号学中最为重要的符号分类。

2.1 象似符号

象似符号以符号对客观事物的写实、模仿和复制为主要特征，具有肖似性和表象性。摄影常以图像性符号为基础，通过展示摄影作品中的形象，自然、客观地描述信息。这类符号构建的视觉图谱不需要受众进行过多的思考和参与，如对摄影作品中的某一明星人物，受众会立刻产生出这一明星的形象。

2.2 指示符号

指示符号以符号对客观事物的接近性为基础，具有关联性和指示性，能指与所指之间是因果或时空上一一对应的关系。也就是说，受众根据摄影作品中的符号，结合自身经验与知识储备辨析出符号所指示的对象。例如，通过山道上散落的石块能够推断出这里发生了山体滑坡；通过滚滚浓烟与烧焦的家具能够判断出这里发生了火灾。

2.3 象征符号

象征符号以对抽象的习俗规则的具体表现为特征，具有规约性，通常表现对象较为抽象的品质，能指与所指之间没有直接的视觉关联性，是任意的、约定俗成的关系。这种关系需要通过受众的思考结合当时当地人们普遍追求意义的价值以及对于意义的理解而做出的解释得以形成联系。如白鸽象征和平，绿色象征生命，松柏象征坚强等。摄影师常利用象征符号依据叙事情境赋予其独特的象征意义，使其担负起传达意图、表现主题的重担，使受众通过思考与解读符号的内涵信息激发其对摄影作品背后的价值思考，加深受众对于摄影作品内涵的理解，引发受众的共鸣。

2.4 "锚固"图片意义的文字符号

有的摄影作品中还存在具有解释意义的文字符号。法国符号学家罗兰·巴特针对文字符号的功能提出了"锚固"概念，即借助文字信息将影像的意义确定下来，充分解释文字符号对图片视觉符号的关系。摄影中图片视觉符号所包含的信息往往复杂多样，文字符号能将视觉符号的"所指"限定在一定的范围内，以弥补图片视觉符号意义的不确定性，提供更为确切深入的解释信息，减少受众对图片视觉符号信息的错误理解。可以说，文字符号是图片视觉符号的"能指"通向"所指"通道中最重要的"过滤器"。摄影图片和文字说明相结合的传播方式能强化信息的传播力度，被认为是最有效的信息组合传播形式。

3 摄影展现"自我"的艺术语言

优秀的摄影作品总是通过"物质化以及具象化的表现手法，表达出人类内心世界纷繁复杂的思想情感的"。在作品中总会存在"自我"的痕迹，与其他视觉元素共同完成编码，赋予其"意义诱发者"或"意义导向者"的新身份，以实现视觉符号与思想表达的高度融合。可以说，摄影作品中的"自我"是摄影师主观意识与现实外界的连接点，"是摄影艺术语言的影像修辞，是自我发声和表达的阐述者，或者就是摄影艺术家作品本身专属的标志和象征"。

3.1 技术语言

作为造型艺术中的"光画"，摄影成像源于"小孔成像"原理，是一种基于机械装置及固定的感光材料进行影像合成的技术。不管是传统的银盐感光成像，还是现代的电子数字成像，摄影都需要借助肉眼视觉和机械之眼观察世界，并精确地复制、再现所框选的客观现实。摄影的技术语言是摄影作品实现的物质载体与技术手段。

具体来说，摄影的技术语言主要表现在作品的画幅与摄影工艺上。画幅是相机成像范围面积的大小。在特定的空间中，不同的画幅会给受众营造出不同的视觉感受与情感距离。画幅越大图像展示得就越细腻，但小画幅在一定条件下也能营造出一种微妙的心理感受。在摄影工艺上，尼埃普斯利用沥青金属板感光拍下了第一张照片，随后又先后产生了达盖尔银版摄影法、蓝色法、火棉胶摄影法、相机+胶卷、彩色反转片、数码相机，随着摄影工艺的不断提高，其拍摄难度越来越低，耗费时间越来越短，最终呈现的视觉效果越来越高。现今，有的摄影师为了追求个性化的艺术效果，还会利用 X 光摄影、红外摄影、显微摄影等特殊摄影技术进行艺术创作。为了充分展现"自我"意识，除了从作品具象化的视觉表现上下功夫外，还可利用摄影的技术语言通过物质载体和拍摄手段传达潜在的摄影观念。

3.2 内容语言

摄影的内容语言就是摄影时所框选的客观物理对象。它具有强烈的主观性，是摄影师有意识的选择之物。每一个物理对象都是一个有特定含义的图像符号或图像符号体系。当一类物理对象反复出现在某个摄影家的作品中时，那个物理对象就会成为摄影家独特的表意符号。为了充分展现 "自我"，摄影师可以利用拍摄物的摆设、布景、化妆、行为艺术的表演等，利用 "常态" 或 "非常规" 元素搭建主观性的构图，制造故事感，营造氛围现场感，通过人为控制展现出个性化的主题内容，形成幽默、嘲讽、隐喻等意境效果，表现出摄影师的主观意图，从而通过选择的信息强化受众的感知，强化特定的思想情感。为此，摄影师要明确拍摄思路，充分考虑拍摄画面中的主体与陪衬物，协调、合理分配各项要素，从而最大限度地以二维模式展现三维现实世界。

摄影师可借鉴模仿艺术史上其他经典艺术作品的主题和构图，创作自己的摄影作品，使受众将传统经典作品与眼前的摄影作品进行对比与联想，从而达到解构古今和反讽的效果。如摄影家戴翔的作品《清明上河图·2013》，以及姚璐的《中国景观》，都模仿了中国古代著名山水画，对其重新解构，借古喻今。摄影师还可根据历史真实事件或自身的创作意图将现实中不可能存在的场景通过布景、导演的方式真实地表现出来并进行拍摄。另外，摄影师还可通过化妆、行为艺术表现等形式进行拍摄，以独特的人体姿态、造型、妆容等表现摄影师的观念。如当代摄影艺术家刘勃麟以自己身体传达艺术的《城市迷彩》系列作品，他结合绘画元素将自己的身体涂抹成与周围环境大致相仿的颜色，然后再进行拍摄，以摄影的方式传达出了摄影师对 "人与城" "个体与社会" 的关系。总之，为了充分展现 "自我"，摄影者在拍摄之前要确定主题思想，预想作品的画面安排，确定场景、造型、拍摄方式、拍摄技法、人物的选择与安排、后期加工制作等因素，再进行拍摄。

3.3 形式语言

摄影的形式语言指的是构图、光线与色彩等因素。摄影师可通过改变照相机的角度或镜头焦距，利用形式语言将单一固定的拍摄主体拍摄出具有不同韵味的画面，赋予受众独特的空间感、立体感、运动感、节奏感等，从而构筑摄影艺术之美。

构图是拍摄语言的语法，体现的是摄影师的思维能力。一般来说，横线构图能体现宽阔、平稳，竖线构图能体现深远、幽邃，曲线构图能体现优美、灵动。为了充分表现拍摄物体的形象，最为恰当地传达摄影者的主观意图，需要在拍摄的瞬间选择合适的构图方式，明确判定 "去" 与 "留" 的边界。一个好的构图能够将作品中的光线、线条、色彩等完美融合，突出拍摄主体，平衡拍摄陪衬物，从而充分体现拍摄的主题思想。这需要摄影者多拍、多看，不断积累经验，使拍摄画面的选择从理性分析上升到感性追求，从而在熟能生巧中完成构图。

如果说构图是摄影作品的骨架，那么光线就是摄影作品的灵魂。利用光线能突出拍摄主体，创造空间感，体现拍摄物体的轮廓、体积、质感，营造特定的环境氛围。光线在强度、性质或方向等因素上的不同会产生不同的艺术效果。如明亮的光线常给人一种耀眼、愉悦之感；暗淡的光线常表现忧郁、沉闷、清冷和压抑之情；平淡的光线则能表现平静、空灵的氛围。一般早晨与傍晚拍摄光线最好，因为这时的光线柔和、偏暖，拍出的照片平朴自然，颜色浓郁，层次分明，透视感较强，富有感染力，能够渲染气氛，增强画面视觉感。总之，光线的运用必须切合摄影的主题思想，这就要求摄影师具备扎实的摄影基础，对光线具有强大的感知力，能够感知光影每一个细节的变化，通过观察光线、运用光线与布置光线表达创作者的情绪情感，实现对拍摄主题思想的完美表达。

色彩是一种受到光影响的特殊视觉信息。受众会根据自身的情感记忆、生活经验、思维方式与民俗文化等，对不同的色彩产生相应的心理感受，进而汇集而成情感感受。在摄影中，色彩的选择是形成主体色与陪体色及背景色的映衬对比关系的根本。在相同的社会文化环境下，人们对色彩的认识具有一定共性，一种共同的情感倾向。如绿色代表生命、和平，红色代表火热、激情，蓝色代表平静、忧郁，黄色代表欢快、明亮，黑色代表悲哀、凝重，白色代表纯洁、优雅等。在摄影时，要根据颜色之间的差别来设置画面之中主陪体之间的关系（颜色差别越大，视觉冲击感越强），根据颜色的明暗深浅处理主体和环境之间的光亮程度，根据颜色的色调确定所要表现的主题情绪特征和情感基调。摄影作品如果整体偏暖，能够给受众温暖平和的感觉；如果整体偏冷，则极容易引发受众的压抑和紧张情绪。为了拍摄出具有独特魅力的作品，摄影师需要在环境中把握自我观察感受的核心，结合自我情感与意愿，进行色彩的抓取，从而提高作品中色彩情感表达的强度。摄影师首先需结合作品的主题以及大众的色彩心理，确定基本色彩，在此基础上，可考虑文化因素对色彩情感语言的影响。然后，可结合自我情感表现的需求对色调进行进一步的调节，从而细化摄影作品中的情感表达。最后，抓住自我观察感受的核心，应用色彩进行情感表现，从而呈现出独具特色的摄影作品。

4 摄影展现"自我"的视觉修辞

摄影是一种艺术性的表达方式，摄影师通过艺术创作表达自己的想法，每一次创作的过程就是外部客观事物与个人主观内心情感碰撞的过程。摄影师通过镜头构建具体形象，并通过视觉修辞手法建构视觉话语，从而揭示社会生活里最有意义的部分或最值得深思的层面，实现摄影作品的劝服、对话与沟通功能。

在摄影展现"自我"的视觉修辞中，隐喻与转喻是最基础的修辞方式。

4.1 视觉隐喻

视觉隐喻是相似性的纵向选择，即借用相似的符号进行视觉表现。在视觉隐喻实践中，需要达成从喻体（源域）到本体（目标域）的意象建构过程，在符号学上体现为元素组合与聚合的关系。视觉隐喻主要通过意象嵌入或置换的方式调动受众的记忆，使符号的意指联结越过在场要素的制约，实现能见意象与想象意象的重合。在这一过程中，本体和喻体往往采取一种叙述上的直观呈现和意义的巧妙嫁接。摄影常通过拍摄熟悉的场景进行隐喻性符号修辞，达到暗示主题的作用。

根据本体与喻体的"在场"方式，可分为构成性视觉隐喻和概念性视觉隐喻两种生产机制。构成性视觉隐喻是本体与喻体同时"在场"，两者之间的意义指涉主要依赖于视觉元素的空间结构对话，呈现出"A 是 B"这样的隐喻思维与意义逻辑。以袁学军的《英雄探妻》为例，本体 B 是画面中央挂满军功章的张良善，喻体 A 是身后的一片墓地，张良善强忍泪水的悲伤神态与胸前的军功章，与背后错落的墓碑形成对强忍痛失爱妻之痛而继续行使军人职责意境的指涉，有效地传达出一种中国军人家国天下、重情重义的强烈情怀。

概念性视觉隐喻则是喻体"在场"而本体"离场"指向某种抽象的概念景观图像。本体依赖于喻体的视觉符号所搭建的概念图式。受众会根据视觉认知的相似性原则与自主认知机制提炼概念，从而在心理上建构起从喻体到本体的系统跨域映射。例如摄影记者杨卫华的《敬礼娃娃》，本体的"大地震"处于"离场"状态，喻体则是托举木板的战士们以及躺在木板上敬礼的娃娃，从众多战士的托举以及受伤的孩子可形成"地震造成众多房屋倒塌，人员伤亡"的意义提取，从敬礼娃娃可形成"民众对战士心存感激之情"的意义提取。

4.2 视觉转喻

视觉转喻是邻接性的横向结合，即借用邻近性关系的符号来表现视觉。转喻性符号常通过拍摄的具体细小局部场景表现一个不易表达的抽象的整体情境和线索。在这一过程中，本体和喻体之间是一种组合的关系。通过视觉转喻，能使图片中承载的有限信息传递出更为丰富的内容。在摄影中，尤其是新闻摄影中常利用转喻性符号修辞以小见大，表现一个庞大的新闻事件。

根据本体与喻体的关联方法，可分为指示转喻和概念转喻两种。指示转喻是指借用有限的视觉对象再现无限的、完整的、系统的视觉对象。因此，作为本体的视觉图像与作为喻体的视觉图像存在"邻近性"关系，如声音层面、空间层面上的邻近性。在摄影中，采用不同的视点（拍摄位置）、视角（拍摄方向）、视域（景别）能够呈现不同的"部分"，相应的也会建构不同的"整体"观念。以视域为例，视域对应的是作品与受众互动之中的社会距离，远景画面开阔，气势宏大，常用来借景抒情或交代人物活动的环境氛围；全景具有综合陈述的概括能力，能通过完整展现人物的形体动作揭示人物的内心世界；中景具有很强的叙事性，能反映事件中的高潮或者冲突，说服力强；特写是对拍摄主体细节部分的展现，能更直接、更迅速地抓住事物的本质，加深受众对拍摄主体的认识。

概念转喻是指在可见的、具体的、可以感知的视觉符号基础上编织相对抽象的意义内涵。在这一视觉修辞下，本体和喻体之间需要有某种文化语境上约定俗成的联系，具有从抽象到具象的关系。例如，对"环境"这一概念可用草原、河流等表达，对"衰老"这一概念可用皱纹、白发等表达。可以说，转喻让受众更加关注所指事物的某些特定方面，从而实现对该事物有选择性地理解方式，获得更为简明而精确的阐释。

因此，在拍摄作品时，除了思考构图、光影、色彩、角度等因素，还要创造性地使用隐喻与转喻视觉符号修辞手法，为其寻找具体的可表现对象并将象征意义隐藏于符号之中，从而表现抽象的概念或主题，使视觉符号所传达的意义更加抽象与深远。

5 结语

符号学语言在摄影艺术中的广泛应用，是摄影艺术作品的特性，是摄影师寄思想于作品之中的表达，更是摄影师与受众进行思想沟通的桥梁。了解符号学语言，是创作与解读摄影艺术作品的基础。站在符号学视角下分析摄影，能够解读摄影艺术的符号学内涵，聚焦摄影作品的意义输出与传播形态。在摄影实践过程中，摄影师常通过构建恰当的技术语言、内容语言与形式语言共同完成视觉编码，并通过隐喻、转喻等视觉修辞手段传达"自我"意识，让受众更加快速、准确地接收与领悟作品中的深层含义。因此，在摄影艺术中应发展与创新符号学的应用，重视情感的表达，丰富作品的内容，增加作品的艺术魅力，以此提高受众的共情体验，从而推进摄影艺术的未来发展。

参考文献

［1］蒋雨荷. 基于皮尔斯符号学解析《暴裂无声》［J］. 名作欣赏，2022（23）：166 – 168.

［2］李军. 摄影艺术创作中的情感表达方法［J］. 中国文艺家，2019（11）：290.

［3］刘澳. 论摄影艺术中的色彩情感表达［J］. 旅游与摄影，2021（21）：94 – 95.

［4］沈文倩. 符号学理论视角下的新闻摄影——以 2008 –2017 年中国新闻奖新闻摄影作品为例［J］. 青年记者，2019（20）：24 – 25.

［5］孙铭鑫. 新闻摄影中的摄影技巧与艺术手法［J］. 旅游与摄影，2022（06）：112 –114.

［6］孙一峰. 观念摄影的观念表达与自我实践［J］. 大观（论坛），2019（01）：154 –155.

［7］王雪，董月航. 摄影中的光影之美与情感表达［J］. 旅游与摄影，2021（08）：108 –109.

［8］张巧. 符号学视角下探析中国当代摄影艺术中的"自我"［J］. 旅游与摄影，2020（08）：90 – 91.

On the symbolic transmission and "self" display of photography

Jia Yaocheng

(Department of Fine Arts, Yuncheng University)

Abstract: With the advent of the era of image reading, photography, which is good at image, has become an important means of information dissemination. From the perspective of semiotics, photography is a complex coded visual communication symbol. The audience can recognize and understand the objective information of the symbol based on their own experience and knowledge, and form subjective judgments. This paper analyzes photography from the perspective of semiotics, and introduces the semiotic connotation, communication form and communication attribute of photography. In order to fully display the photographer's "self" consciousness, the author also explores the strategy of "self" display from the perspective of composition, scene, shooting angle, light, color and subjective display of the subject, to have a deep understanding of photography art and provide some help for people engaged in photography.

Keywords: Photography; Symbol propagation; Self-presentation

作者简介

贾耀程,男,运城学院美术系,讲师,博士,研究方向:影像传播,数字媒体。

基金项目

山西省黄河文化生态研究院项目"影像考释–山西省境内黄河流域的乡土变迁"(项目编号 HH202019)。

译文选登

《意义，感性，真实》序言

安娜·埃诺（著）　怀　宇（译）

今天［2010—2011 年，即在阿尔吉达·朱立安·格雷马斯（Algidas Julien Greimas，1917—1992）去世近20 年］，不管是对于格雷马斯的朋友们来说，还是对于他的"诽谤者们"来说，他都是推动符号学即有关意指理论的"抽象活动"① 勇猛前行的那位符号学家。20 年后，曾经被他自豪地称作自己的"学生们"的一组研究者，其研究方法和研究主题都出现了重大的多方向变化，而这些变化正由这一组人确立了下来。难道还要等到这一组人散伙，或者是发展到研究者们都无法再有效地相互解读和相互理解的程度吗？假设一定会有闲言碎语出现的话，那就是非常可笑地否定格雷马斯智慧地在由其学生们组成的乐队中所维护的科学统一性。要知道，这些学生当年来自世界各地，在那个时候就是为了构建当时符号学界叫作巴黎符号学派而来的。

于是，我们当中就有人想到，现在该是借助于一次研讨会来做个总结，让大家看一下和听一下每一个人的主要研究计划是什么的时候了。

可以汇聚的专家名单本身就显示了重要性：似乎，优先要考虑邀请的，是那些曾经有机会直接与格雷马斯一起工作过的人。在最具创造性和最为活跃的研究者中，起码有两位研究者：让－马利·弗洛什（Jean-Marie Floch）和弗朗索瓦丝·巴斯蒂德（Françoise Bastide）。他们虽然过早地离开了我们，但他们以其出版物继续强烈地展示着他们的存在。

这一次研讨会总的主题也颇具重要性："今日符号学：意义，感性，真实。"我们同在那个空间当中，但我们各自的优先考虑和关注点却是非常有别的。我们最终还是在特定安排的时间内得以相互倾听，我们只想着对于我们的学科进行一次"梳理登记"。

举办研讨会的场所似乎也是重要的——鲁瓦约蒙（Rayaumont）修道院。该修道院距离巴黎很近，距离经历长途旅行前来与我们聚会的人们下飞机的鲁瓦西（Roissy）机场也很近。在其他时间里，像克吕尼（Cluny）修道院一样，鲁瓦约蒙修道院备好了所有屋舍，为严肃的符号学事业显示了它的美、它的静谧，以及它的紧张气氛，最后是献上了它的音乐。

---

① 这是贝纳尔·克马达（Bernard Quemada）的用语，是由让-克罗德·舍瓦利耶（Jean-Claude Chevalier）在让-克罗德·舍瓦利耶和皮埃尔·昂克勒维（Pierre Encrvé）合著的《为语言学而斗争：从马丁内到克里斯蒂娃——论认识论戏剧》（*Combat pour la lingustique, de Martinet à Kristeva. Essai de dramaturgie épistémologique*, Lyon, ENS Éd. , coll. *Langage*, 2006, p. 211）一书中转述的。早在格雷马斯之前，一部分欧洲注重意指问题研究的专家们（索绪尔，胡塞尔，叶姆斯列夫［Hjelmslev］和乌达尔［Uldall］，以及卡西尔［Cassirer］），都已经开始了建立以（既不是哲学的，也不是思辨的，还不是实证的语义性的）形式化为目标、旨在奠基欧洲符号学身份的语言理论。这一运动理所当然地可以被看作是"抽象的"。

每一位与会者都是独唱演员，而且歌词完全是无拘无束的。

结果便是，产生了整理在这部书中的 32 篇专题论文，这些论文可以根据每一位读者个人的兴趣与爱好，单独地安排自己的阅读。这些文章中的大部分都在鲁瓦约蒙修道院宣读过，后来又经历过细致加工，直到 2018 年 7 月才把完稿交给出版者。这部书让我们在由分散的主题所组成的整体之中，看出了一些明显的分歧脉络。这些脉络表明了一些因心理契合而重组起来的不同的研究领域，有时仅仅是两个人在一起，有时则是多位研究者在一起。

研讨会也是很灵活的。我们搞了不少摄影，也做了许多录音。所讨论内容保存在一家档案馆中，大家都可以去查阅。大家的交流，其声调似乎都是询问性的，远不同于格雷马斯在 1970 年初到 1980 年底举办的研讨班（先是在图尔农［Tournon］小街、随后在阿拉戈［Arago］大街的高等研究院）上越传越远的那些“明确的和确定的”时刻的声调。

在鲁瓦约蒙进行的这些符号学讨论，是从空间上和时间上在从远方而至的一位对话者充满幽默的目光下进行的。他便是来自加利福尼亚伯克利（Berkeley, en Californie）大学的著名精神现象学专家约翰·R. 塞尔（John R. Searle）教授。从他 1958 年第一次到鲁瓦约蒙来进行哲学考察到此时已经过去了 50 余年。

第二次世界大战结束后不久，鲁瓦约蒙修道院就重新承担起“音乐与人类科学”基金会的创立者亨利·古安（Henri Goüin）先生的家族规定的这两种用途。1958 年 4 月 8—15 日在鲁瓦约蒙举办的第四次哲学研讨会，汇集了来自英国、美国、比利时与荷兰的十几位报告人，英语为沟通语言，并根据“参会者的要求”配以法语的译文。与会者中，有彼得·弗雷德里克·斯特劳森（Peter Fridericck Strawson）、吉尔伯特·赖尔（Gilbert Ryle）、维拉德·冯·奥曼·奎因（Willard von Orman Quine）、卡尔·波普尔（Karl Popper）、约翰·兰肖·奥斯丁（John Langshaw Austin）、利奥·阿波斯泰尔（Leo Apostel）、埃弗特·威廉·贝特（Evert Williem Beth）。

在这些“报告人”之外，还有不少参会者是“专门注册讨论的”。在一个 15 人左右的名单中，我们看到有彼得·吉奇（Peter Geach）、查理·泰勒（Charles Taylor）、阿尔弗雷德·朱尔斯·艾耶尔（Alfred Jules Ayer）、谢伊姆·佩雷尔曼（Chaïm Perelman）以及约翰·R. 塞尔。预定作为“自由听众的”法国参会者，尤其包括乔治·康吉扬（Georges Canguilhem）、亨利·古耶（Henr Gouhier）、马夏尔·盖鲁（Martial Guéroult）、费尔迪南·阿尔吉耶（Ferdinand Alquié）、赛日·莫斯科维奇（Serge Moscovici）、莫里斯·德·冈迪亚克（Maurice de Gandillac）、伊冯·博拉瓦尔（Yvon Belaval）、罗贝尔·马丁（Robert Martin）、让·伊波利特（Jean Hyppolite）和莫里斯·梅洛-庞蒂（Maurice Merlot-Ponty）。

有关那一次研讨会内容的摘要曾在第四期的鲁瓦约蒙文件①上发表，摘要保留了最说明问题的那些交流观点，其中有奥斯丁（1911—1960）与佩雷尔曼、赖尔、普瓦里耶（Poirier）、阿尔吉耶之间的讨论内容，或是在作为提问者的塞尔与作为权威学者的梅洛-庞蒂（1908—1961）之间的讨论内容。1958 年的《文件汇编》（Actes）没有让人听到塞尔的声音，这位在 2010 年的鲁瓦约蒙的研讨会上已是全球哲学界的权威人士，在 1958 年像是一位青年研究者，腼腆，躲在大厅的角落里一言不发。2010 年，他在鲁瓦约蒙对我们说，在 1958 年，由于说话风格与节奏上的重大不同，当时在沟通上可以说困难重重，而这种不同，存在于法国人既是教条的又是自恃权威性的发言之中，也存在于说英语的学者们毫无确定的言语表现之中。这种理解困难渗透在利勒·J·贝克（Lisle J. Beck）恰好先于让·瓦尔（Jean Wahl）的"导言"（Introduction）而发表的"前言"（Avant-propos）之中。

贝克提出了一个完全是修辞学方面的问题，对于这个问题，他的回答完全是否定的：

> **问题**：读者可能会问研讨会是否是一种真正的对话——
> **回答**：坦率地讲，应该质疑。观点对立是明显的。需要跨越的距离是巨大的。不少庄重的对立观点是难以弥合的。

贝克继续坚持研讨会属于失败的看法，他甚至直说那些交流是明显错误的。实际上，他是打算转述在《文件汇编》第 98 页第二段上看到的内容。在那一段中，赖尔曾以此准确地回答了梅洛-庞蒂那个长长的问题：

> 第四点，梅洛-庞蒂先生问我（他善意地把问题翻译成了英语），在我的研究中，我是否总是严格地赞同在这个世纪之初由胡塞尔提出和由维特根斯坦（Wittgenstein）与其他某些人所明确阐释的规划。我的回答是：我当然希望是这样！

在贝克于《文件汇编》的古怪"前言"中，即在《文件汇编》的编排第一页上，这句话是这样转述的：

> 当梅洛-庞蒂问（赖尔）："我们的规划不是您的规划吗?"得到的回答坚定而清晰："我希望不是。"

---

① 《分析哲学》（La Philosophie analytique），鲁瓦约蒙第四期研讨会文件，巴黎，1958 年 4 月 8—13 日，子夜出版社（Éditions de Minuit），"鲁瓦约蒙手册，哲学卷"丛书（Coll. «Cahiers de Royaumont, Philosophie»），1962 年，第四期。

这篇有趣的"前言"，明显是为说真话而在特定激情下写的（这部书的读者们不得不重读这篇前言），它想必有其与特别是年轻人的不耐烦和热切希望相联系的属于自己的真实，而这种不耐烦和热切希望都是由再现于1958年鲁瓦约蒙这家"会馆"的两种学派（法国学派和英国学派）之间的习惯性区别所造成的。

分歧并没有阻碍出版这一《文件汇编》，它曾获得法国哲学派的广泛和积极的反响。这就让人们注意到，在这些研究者们的合作之间有着真正的进展，同时也注意到他们的努力像任何事物一样或早或晚地淹没在时间的荒漠之中。

今天，符号学对于笛卡尔/康德/莱布尼茨/胡塞尔的传统思想系统与分析哲学学说之间这种合作尝试的所存档案的（第二级、第三级甚至第四级的）看法，使得对于观念历史的这些严峻时刻的认知激情重新活跃了起来。这是因为1958年的鲁瓦约蒙已经完全地与符号学最为现时的思考一致了，例如在形式化语言与自然语言之间的关系方面。1958年，由"大陆派"哲学家们向主张"其活动集中在言语活动方面"[1] 的分析哲学提出的问题，直到今天仍在讨论，而且它直接地涉及符号学的提问方式。

在什么情况下，这种探讨言语活动的新方式才充当并非严格地是语言学的那些标准呢？当我们超越语言学平面而提出一些严格地是关系图示的时候，在什么情况下，我们才能研究那些并非严格地属于言语活动的现象呢？

那些指引着1958年《文件汇编》的许多问题，在2018年的《意义，感性，真实》这部《文件汇编》中重新找到了回声。这些问题和其在1958年给出的答案，在今天依然是极其重要和内容丰富的有价值的资料，尤其是所有涉及符号学与语言学之间困难而又必要的关系的东西更是这样。在鲁瓦约蒙召开的符号学会议，被认为是与20世纪50年代末在鲁瓦约蒙进行的语言哲学实验有着惊人的连续性。虽然名称变化了，但心理态度并非完全的不同。

在格雷马斯的推动下，符号学研究于一种深思熟虑之中得到了发展，而且由于它与过去时间的最为丰富的宝藏混为一体，它便更具有未来。它正是以这种方式系统地把自己动员了起来，以服务于最后其理论化内在性的强势抽象活动。虽然是在鲁瓦约蒙修道院中世纪的拱顶下进行的，但符号学研究并不是远离其目标中心，也不是远离其未来的一种时刻。

---

① 见奎因（W. V. Qine）《分析哲学》（*Philosophie analytique*），同前，p. 343.

《意义，感性，真实》导言

让-弗朗索瓦·博尔德龙、德尼·贝特朗（著）　　怀　宇（译）

这部书是研究者们围绕符号学地位和与其他相邻学科之间关系的一次研讨会的结果。这些交流是分两次在鲁瓦约蒙修道院进行的：一次是 2011 年春天；另一次是 2011 年秋天。

我们将会看到，我们在这里介绍的文章，虽然它们展现了语言学（索绪尔）和逻辑学（皮尔斯）在历史上的中心位置，但也在符号学领域之内和以符号学方法过问感知和意识的诸多问题。

此外，从方法学观点来说，我们将会看到结构主义和（或）实用主义的立场在许多方面都与现象学有交叉。

最后，分析实践是符号学家们的基本活动之一，在这部书里出现的是图像领域、文本领域和诸多不同的实践活动。

首先，符号学有其历史和一些专长领域。一般来说，它的历史开始于约翰·洛克（John Locke）在《人类理解论》（*Essai sur l'entendement humain*）一书中对于该术语的使用。但是，对于意义的过问自然没有明确的起源。不过，人们都一致认为，第一个宏大的符号学计划始于皮尔斯，在他看来，任何人类的活动最终都是一种符号学。必须强调的是，皮尔斯是一位哲学家和逻辑学家，无论怎么说他都不是语言学家。在这一点上，他便一下子就与符号学事业的其他创始人分离了开来，那些创始人是费尔迪南·德·索绪尔、路易·叶姆斯列夫和 A. J. 格雷马斯。这些人说不上是哲学家，也说不上是逻辑学家，但他们是语言学家。就其历史而论，符号学在选择内容作为其重心方面曾经有过某种犹豫。读者可以在我们于此发表的文本中看到那些犹豫的标志，但同时也可以看到这一学科的相对灵活性，而这种灵活性可以接受来自各个方面的研究问题。

这本书也提供了对于符号学所有领域的一种宽泛的观点。符号学并不是由其研究对象来确定，而是以其分析方法来提供对于不同起因的文本、图像、机制、各种实践和人类激情的一些研究活动。因此，我们可以看到对于广泛对象和对于某种观点和方法之一致性的多种研究成果。

符号学之所以能有其历史和多种研究领域，是因为它也从其他人文科学方面获得了概念启发。在这些人文科学中，语言学无疑是第一位的，因为语言学可以解释为什么符号学的概念词汇基本上是语法性质的。我们还会注意到，符号学的解释风格通常来自这同一种起源。但是，其他方面的资源也是很明显的。结构概念和隶属理论，它们作为在至少一些符号学流派中的部分基础概念，不可能脱离其哲学起源——特别是来自胡塞尔哲学的影响，也不可能离开有关形式理论的心理学研究（格式塔理论）。自然，也应该把对于这些概念的多方面解释的严格性归功于列维-斯特劳斯的人类学。同样，关于感知的符号学，以及有关意义的感性起源的观念，一般也是建立在现象学的一种启迪基础上的。正是根据这种启迪，建立起了有关意义的兼收并蓄事业，特别是建立起了有关意愿性的研究事业。最后，就像人们下面会注意到的那样，这部书里出现的文本通常都明显地维持着与认知科学的关系，特别是表现在有关意识之地位的困难问题方面。

我们希望，这些探索和主题的多样性不会让读者产生多种不可控因素的印象，而是更应该想到是一种既连贯又多样化的认识论。这种连贯性明确地表现在以意义、感性、真实三者结合的形式所赋予的书名方面，而这一书名又出现在书籍的整体组织当中。

正像伊万·达罗-阿里斯（Ivan Darrault-Harris）指出的那样，格雷马斯思想的主要特征是"他大胆而明确地预言一项科学事业未来发展的能力，尽管这项事业当时还没有出现"①。对于这种乐观的观点，克罗德·齐贝尔伯格（Claude Zilberberg）向其不错的发展势头泼了冷水，因为按照他的看法，"对于不幸的社会科学来说，最终的肯定性是极少的，大多数被提出的概念并非在密集的拒绝打击之下消失，而仅仅是由于人们的漠视所致"②。那么，在这两种矛盾的预测之间，如何来定位这部书对于各个方面的贡献呢？我们可以来评价它们的命运吗？在我们看来，这些贡献似乎都精彩地表明了任何理论思想的叙述性特点：有一些作者，他们个性的多样性表现为他们写作的那些复调特征，表现为被纳入历史和求助于创立者们认识论的方式，表现为这里是确定、那里是怀疑所赋予模态的一些概念性人物，表现为其多样性可以启发对于干旱的土地、想象中的城市或实验场地之隐喻的一些理论领域，表现为提供给意义投入的一些意想不到的对象，表现为对于论证性探索和非确定的对立之间的一些研究，也表现为与我们认为和我们习惯的景致不一样却突然向我们发问的一些人物的相遇。

但是，一切所围绕的中心事件，显然是感性（le sensible）和我们曾称之为承载着各种新颖性的符号学之"现象学转换"的实现。这种转化开始于 20 世纪 90 年代之初，它在此是以明确的方式得到确立的，并证明了按照米歇尔·福柯（Michel Foucault）所理解的意义来固化的一种真正的认识论（épistémè）。在真实与意指之间，有着各种意义之活跃经验的空间，而这种空间也属于表达，并需要予以分析。其在符号学方面的验证便是在语义连接与现实之经验的交汇处出现的双值特征。然而，正在建立之中的有关感性的符号学，在脱离哲学概念化的同时，凸显了自己的各个领域：非—种属性在形式上的模态化依靠的是视角的定位（让-珀帝托 [Jean-Petitot]、安娜·埃诺 [Anne Hénault]），情感是张力的假设起因（克罗德·齐贝尔伯格）。陈述活动被看作一种实践

---

① 参阅《意义，感性，真实》p. 153 页的《心理符号学：格雷马斯的夙愿》（*La psychosémiotique：un voeu de Greimas*）。

② 参阅《意义，感性，真实》p. 169 页的《张力尝试：观点或理论》（*Hypothèse tensive：point de vue ou théorie?*）。

（玛丽·克拉斯-布莱兹［Marie Colas-Blaise］），感知性身体是各种意蕴建构的所在地（雅克·丰塔尼耶［Jacques Fontanille］，瓦尔迪尔·贝维达斯［Wardir Beividas］，奥德雷·穆塔［Audrey Moutat］）——这些建构与手的劳动结合在一起（埃尔曼·帕雷［Herman Parret］），更为广泛地说，这些建构与举止动作结合在一起（戴安娜·露丝·佩苏娃·德·巴罗斯［Diana Luz Pessoa de Barros］）；这些建构与病理学混同在一起（安娜·卡罗尔［Anne Carol］），并开启了心理符号学领域（伊万·达罗·阿里斯）；象征论，不论完整象征或是半—象征，都进入有关实际经验的一种符号学（皮埃尔·布东［Pierre Boudon］，让-弗朗索瓦·博尔德龙［Jean-François Bordron］，德尼·贝特朗［Denis Bertrand］，维罗妮卡·埃斯泰·斯唐日［VerÓnica Estay Stange］），这种实际经验似乎被在视觉与触觉之间的其物质性所占据和所看重（弗朗塞斯科·马尔斯亚尼［Francessco Marsciani］，玛利亚·吉约利亚·东德罗［Maria Giulia Dondero］，奥迪勒·勒·盖恩［Odile Le Guern］），其表现就是空间的厚度（马那尔·阿玛［Manar Hammar］）和为日常生活中最为具体的对象提出新的问题（安娜·贝雅埃-杰斯兰［Anne Beyaert-Geslin］，吉约利亚·赛利亚尼［Giulia Ceriani］，埃里克·贝尔坦［Éric Bertin］）。这些广泛的领域今后将会接踵而至，它们的闯入立即要求在言语活动科学内部追溯其多种理论起源（佩尔·阿格·波兰特［Per Aage Brandt］，亚历山德罗·齐纳［Alessandro Zinna］），以便更好地思量正在完成的行程。而对于诸多议题的更新也导致要"做出新的努力"去重新审视这种感性经验符号学与精神哲学之间的比邻关系和可能的亲缘关系（约翰·R. 塞尔），重新审视与语义学（贝尔纳·鲍狄埃［Bernard Pottier］，伊夫-玛丽·维赛迪［Yves-Marie Visetti］）、拓扑学（让-皮埃尔·德克雷［Jean-Pierre Desclés］）、语用学（德尼·韦尔南［Denis Vernant］）、现象学（戴维·皮翁特洛夫斯基［David Piotrowski］，若泽·玛丽亚·帕斯·加戈［José Maria Paz Gago］）和演化论（雷蒙·皮克泰［Raymond Pictet］）之间的关系。

简言之，感性作为不可触碰的红线和艰险路径，在这里以一种符号学的正在建构中的领域表现了出来。这种符号学过去长时间——其实到现在也是如此——不过现在却是以不同的方式属于文本和图像的内在性。我们感知到这一正在开启的领域的全部广阔性和丰富性，因为该领域是理论上的满足，但同时也是各种新困难的提供者。最后，可以最靠近地与活生生的经验在一起的理论上的满足，无疑是与语用学进行的对话，然而却不一定需要放弃继续承担其结构源头的一种符号学。但是，也有着不少困难，即不和谐，甚至也许有着被安排在分离的相关性平面的一些概念上的混淆性，因为这些相关性平面无可辩驳地没有很好地安排那些有益的但无疑是过于笼统的一致性机制，就像一致的生成模式与其著名的行程的情况那样。因此，这部书也收集了一些外来发言者的发言，来与符号学对话。可以说，对于这一学科的未来，有着同样多的可研究问题和可研究方向。也许，正是因为就像在这里提出的问题的多样性那样，我们可以更好地了解理论产生过程中的一种集体努力。根据这种观点，人们将会看到的这部书代表着一种总体情况。我们现在处于实验室的中心，每一位研究者都在其实验瓶旁边，但大家都在同一平台上操作各自的工具。

译稿简介

上面两篇译文，选自《意义，感性，真实》（*Le sens, le sensible, le réel*, 2019）一书。"序言"的作者是该书主编安娜·埃诺（Anne Hénault），"导言"的作者让–弗朗索瓦·博尔德龙、德尼·贝特朗（François Bordron et Denis Bertrand）都是法国当代著名符号学家。安娜·埃诺女士还是现任巴黎符号学学会会长和国际符号学学会副会长，德尼·贝特朗先生曾担任过法国符号学学会会长。

这是安娜·埃诺女士主编的第二部综述符号学理论的重要文集。第一部是《符号学问题》（*Questions de sémiotique*, 2002, 已由怀宇翻译成汉语出版），那部书对于索绪尔符号学传统和格雷马斯符号学理论及其在不同领域中的应用做了系统的介绍，并以几乎相同的篇幅介绍了美国皮尔士符号学传统以及这一理论在与索绪尔和格雷马斯传统相对应的领域中的应用情况。该书大体勾画了普通符号学今后的发展方向。

安娜·埃诺女士主编的这第二部重要文集，汇总了被称为"巴黎符号学派"的32位著名学者在格雷马斯去世近20年后聚会巴黎附近的鲁瓦约蒙（Rayaumont）修道院时宣读的各自在不同领域有关符号学研究的文章。30余篇文章分别被列在"历史：各个领域的历史"、"感性：形象性与感知"和"真实：实践，传媒对象"三个标题之下，为我们展现了"后格雷马斯时代符号学"，即以"感知符号学"为主要阶段的百花齐放、百家争鸣的绚丽景象。

这第二部文集中的"序言"和"导言"及某些文章，我们已经获得法国索邦大学出版方面的同意和翻译授权，今后将在《语言与符号》上陆续与读者见面，译者希望它们能对我国符号学研究者提供某种借鉴，从而有助于推动我国符号学事业的发展。

译者简介

怀宇，张智庭笔名，南开大学外国语学院法语教授，天津外国语大学语言符号应用传播研究中心专职研究员。法国符号学译者和研究者。法国政府"紫棕榈教育骑士勋章"获得者，资深翻译家。主要研究方向：符号学研究和翻译。

翻译符号学与翻译的生成背景

阿斯特丽德·纪尧姆（著）　　冯　洁（译）

与翻译相关的实践、理论以及批评活动在相当长的一段时间内被简化为两个文本之间词语的比较与转换。这种研究方法会导致一些重要的解释性错误。① 因为它没有考虑翻译研究的背景，其文本背后中所包含的不言自明、隐言或者两个文本及两种文化之间的中间产物。翻译符号学开启了翻译研究当中新的研究领域，使得理论、实践、历时性/共时性相连接，同时也涉及背景研究、高校中的翻译教学以及多学科的研究计划等。

1 翻译符号学：定义

翻译符号学被归为文化符号学领域，其研究使得翻译者在翻译研究的过程中采用更为广的，或者更为文化的角度与方法。以符号为中心，以及心照不宣的隐言或者不言自明的元素的转换，以及明确的或者暗含的背景，翻译符号学考虑文化、作者的经历、译者、读者以及原文本与目标文本及翻译文本的支持，包括印刷、出版和发行、出版社和读者对文本的接受/感受所发挥的影响。这些成分，作为名副其实的文化对象，成为所谓的"行动元"，在格雷马斯的定义之下，有时是"助手"，有时是"反对者"，有时作为"主语"或者"对象"，但是均在纷繁复杂的整体的翻译研究过程中发挥相应的作用。

为了能够进行更加全面的翻译评论分析，翻译符号学学者的研究被导向不同的方向，例如历史、共时/历时语言学、信息以及通信科学、媒体、地缘政治学、宗教、神学、意识形态、法律、科技等。根据被翻译文本的不同主题，因而同时也根据这些文本所涉及的直接或者间接的背景而进行论述。

这种从文本对文本研究的缩减的方法，专注于语言的，过于"去背景化的"研究已经被多学科方法超越。其研究内容关于词语中暗含的意义及其历史、文本、作品等，同样也关于在文本台前幕后的行为者，包括作者、翻译者、出版者、读者等因素。每个行动者都有自身的经历、想象、专有且特别的历史加诸作品的写作、理解、发行以及文本的接受之上。②

翻译符号学致力于把出于自觉或者非自觉原因而隐藏于文本之后的东西展现出来。

---

① GUILLAUME Astrid. *Importance du détail, détails d'importance pour l'étude comparée médiévale*. RICORD Marine (éd.). *Le parti du détail, enjeux narratifs et descriptifs*, n° 7, Paris, Minard, 2002, p. 49 - 62.

② GUILLAUME Astrid. *Traduction, sémiotique et praxéologie*. ALEXANDRE Victor (éd.). *Penser et Agir: contextes philosophique, praxéologique et langagier*. Paris: Éditions Le Manuscrit Recherche-Université, 2009a, p. 395 - 412.

2 翻译符号学：几点回顾

把符号学用于翻译研究并非大众所熟知的翻译方法，因为翻译学以及符号学并不是所有大学课程都有。

当语言维度在翻译研究中过渡到第二层面，很少的几位研究者开始使用符号学与翻译研究作为工具。例如：丹达 L. 戈莱（Dinda. L Gorlée）、马蒂厄·吉代尔（Mathieu Guidère）、弗朗索瓦·拉斯捷（François Rastier）、卡丽娜·沙尼翁（Karina Chagnon）、桑杜兹·欧兹图尔·卡萨尔（Sündüz Öztürk Kasar）、迪德姆·图那（Didem Tuna）。离开有关文本—文本与词语—词语之间比较的专有练习，其他与翻译相关领域的研究都相继开展起来，当然其中纳入了语言成分的研究，但是将其视为在意义的转换过程中众多明确的或者不言自明的研究领域当中的一个。对于文化以及交流的专注就这样成为翻译研究背景中的重要元素，它们转化为一系列的效应域（sphères d'influence），并作用于所研究的翻译文本以及行动者之上。作者、译者的目的以及文化背景被考虑在内，而且根据文本或者意象所属的文化使得翻译批评研究更加优化。[①]

下面我们重置了桑杜兹·欧兹图尔·卡萨尔与迪德姆·图那建立的一个运用中的不同意义类别的分类，以表格的形式呈现出来。

表 1　由桑杜兹·欧兹图尔·卡萨尔与迪德姆·图那建立的
去意义趋势系统分类（2016a：89—91）

	去意义倾向	运行、操作	结果	意义场
1	意义的过度释义	提供了跟原文意义相比多余的阐释或者使得原文不言自明的意义变得明晰	过度翻译→过多的意义	意义处在符号的语义场当中
2	意义变得模糊	使原文中清楚的意义变得模糊或者含糊不清	含糊不清的意义	
3	意义释义不足	提供了不充足的信息，产生的意义不足	翻译不足→不充分的意义	
4	转义	产生了可能的、潜在的，但是在原文的背景中没有实现的意义或者创造了原文中没有提及的内涵	其他意义	意义消亡在文本语义场的临界处
5	意义的改变	实现了与原文有某种关联的错误意义	错误的意义	
6	意义的对立	实现了与原文相反的意义	误译	

[①]　为了有更多实际例证，见纪尧姆 2016a；纪尧姆 2016b。

（续表）

	去意义倾向	运行、操作	结果	意义场
7	转义	产生了与原文语义无关的意义	反义	
8	意义的破坏	产生了无意义陈述语段：没有意义，但即使意义被剥夺仍有其残余	无意义	无意义 在文本的语义场之外
9	意义或者符号的消失	消灭或删去意义单位，在翻译中产生缺失：这一零度指没有意义的痕迹；符号完全消除或者没有对符号进行翻译，导致无翻译或者无意义	无翻译 →符号的缺失	

在这 9 种去意义的趋势中，符号翻译学考虑言明的与不言明所具有的意义。隐言所代表的一系列差异总结如下。

表 2　隐言或者没有用语言表达的部分

隐言	或者另一种说法
显而易见	使话语者以及受话者失去判断
难以表达的	避开所有语言：超出的
暗含的	设想的，彼此相互的
你	转为休止，隐藏的
被否认的	幻想的对象
被抑制的	非常令人难以容忍
被无意识遗忘的	不重要的

这些文本的背景在翻译研究中属于文化背景，同时也可能属于尤里·洛特曼（1996）所定义的符号域（sémiosphères）。对他来说，"符号域"可以具有完整整体的意义并指出意义的整个空间领域，同时也定义了意义的局部或者特别领域，一个特别的符号学领域。这些意义的特别领域被称为"效应域"（les sphères d'influences）。

洛特曼的功能论与翻译学中非常著名的多系统理论相接近，就像卡丽娜·沙尼翁①在其与洛特曼的符号域相关的关于翻译界限的文章中所解释的那样。但是当人们在进行翻译练习实践时，人们会考虑到"界限"这一概念不是很恰当。如果在作用于作者、译者或者出版社的语言与"效应域"之间有限制，关于限制，不能只被看作界限或者领域，而是需要考虑跳板（passerelles）。这里时间，也就是历时性进入游戏当中，可以使得分离的两岸相连接，应该找到跳板而非界限，以下是所表示的图示。

---

① CHAGNON Karina. *La sémiosphère de Youri Lotman : les frontières de la traduction* ［EB/OL］，http：//www. academia. edu/10210603/La_s％C3％A9miosph％C3％A8re_de_Youri_Lotman_les_fronti％C3％A8res_de_la_traduction，consulté en février, 2016.

现时的语言

时间轴

语音学的　语义学的　词汇学的　翻译研究的

文明的　跨文化的

人名地名研究的（专名学的）　拼写的　形态学的　符号学的等

昨日的语言

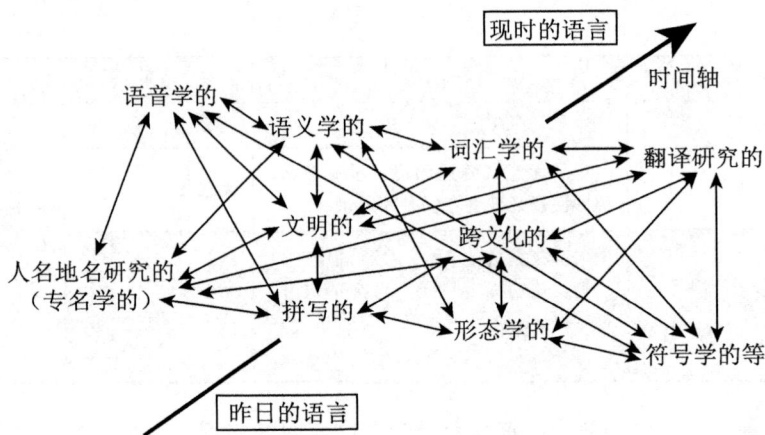

图1　翻译研究转换的符号学间性跳板

　　符号翻译学关注在两个或者多个语言的符号系统之间意义的转换过程，同时也考虑从时间上讲，在不同的时期，符号翻译学开启了词源学的研究，以及在当前的背景当中，从前的、再现或者未再现的等术语的使用。

3 翻译研究的理论更新：效应域

　　翻译研究的更新经历了对二元对立方法论的超越，例如准确性/不准确性，客观性/主观性，原文本/目标文本，可译的/不可译的，以及单纯的词汇方法，为了进行文化以及思想的转换研究，这一操作远远超出了词汇以及句子的研究范围。

　　在2009到2011年间，我们研究了中世纪翻译者—戏剧改编者以及现代翻译者的各自翻译局限，其中中世纪图示如下。

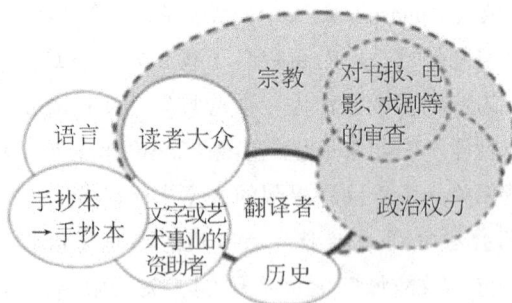

宗教　对书报、电影、戏剧等的审查

语言　读者大众

手抄本→手抄本　文字或艺术事业的资助者　翻译者　政治权力

历史

图2　中世纪翻译：背景的接触领域以及范围①

---

① GUILLAUME Astrid. *La Traduction médiévale*: *de l'implicite vers l'explicite*. BERNER Christian et MILLIARESSI Tatiana (éd.). *La traduction*: *philosophie et tradition*. Villeneuve d'Ascq, Presses Universitaires du Septentrion, série *Philosophie et linguistique*, 2011, p. 265 –281.
GUILLAUME Astrid. *La Traduction médiévale*: *entre implicite et explicite*. MILLIARESSI Tatiana (éd.). *La traduction*: *philosophie, linguistique et didactique*. Villeneuve d'Ascq, Université Lille 3, Collection *UL3*, 2009b, p. 73 – 77.

　　在当时，中世纪翻译研究过程与现代的翻译研究过程在我们所建立的图示上并没有根本上的不同。同样是表现各个域的形式，无论是在历时还是在共时，其中译者处于中心（见图3）。

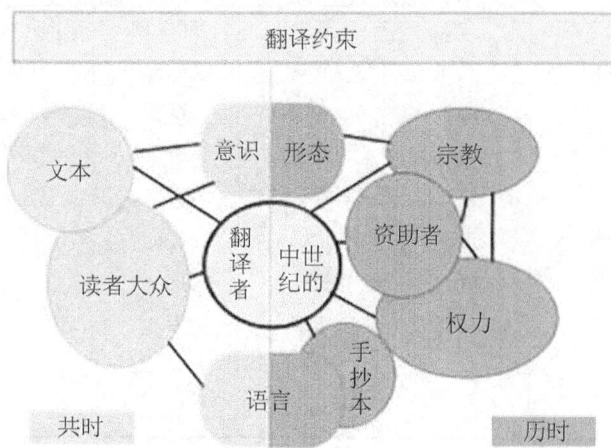

图3　过去与当前的翻译限制与约束

　　事实上，现代文本，即使它们在表面上看起来更加独立于政治、宗教或者资助者等权利，但是对它的依附表现为另一种方式。我们近期关于现实文本所暗含的意识形态的研究工作（纪尧姆，2016a 与 2016b）可以观察到翻译研究的过程在今天依赖于补助金、发行人。它对最终的文本起到文体改善的作用，同时也受到出版的支持、接收作品的社会关系网等的影响，有时很快被其接受，但有时要等待读者的反馈。这些因素所涉及的个人的、宗教的、伦理的以及国家的文化的影响都会被考虑进去。所有的这些成分，处在文本之外的且不言自明的方面，都是存在的，甚至在某种情况下，影响着译者、出版社或者是读者。

　　在符号翻译学研究中再现了这些领域（见图4），使得在翻译研究过程中有更加全面的了解。

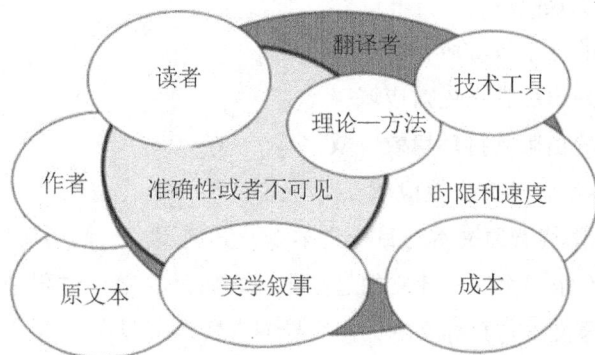

图4　当今翻译过程的约束（纪尧姆，2014b）

以下表格给出了关于背景翻译限制的几个明确的例证。

表3 关于翻译背景限制的几个明确的例证

书面/口头	时代	体裁	背景	支持	工具	非言语意义
慢翻	古代文本	文学	和平	社会网	纸质词典	手势的
快翻		戏剧	战争	文献资料	TAO	休止
同声翻译		诗歌	专制	博客	线上词典	缺席
解释与释义	现代文本	法律	民主	试听设备	合作翻译2.0	标点
		宗教文本	选举	电影字幕		隐言
		理论	危机	报纸		
		科学	操纵			
		科技	幽默			
			讽刺			
			转译			

在所有这些情况当中，翻译符号学的研究扩展了翻译科学的研究范围，旨在理解整体翻译过程中所施加的影响。

4 十个明确的以及不言明的语义转化效应域

符号学对意义的载体——符号感兴趣，无论它是话语的还是非话语的。因此，在所有的翻译研究过程当中，这10个领域即使经常没有用言语表达，也都会呈现出来：

（1）作者的文化效应域；

（2）原文本的背景效应域；

（3）原文本发行者的文化效应域；

（4）原文本出版发行的背景效应域；

（5）原文本读者的文化效应域；

（6）译者的文化效应域；

（7）目标文本的背景效应域；

（8）目标文本的出版者文化效应域；

（9）目标文本的出版支持环境效应域；

（10）目标文本读者的文化效应域。

这10个效应域围绕着原文本与目标文本以及其周围。它们不仅仅属于语言学，相反，它们总是首先在第一个文本建立的过程中，之后是在翻译过程中存在并显现出来，并且它们可能会对原文本与目标文本的内容导向有影响（见图5）。

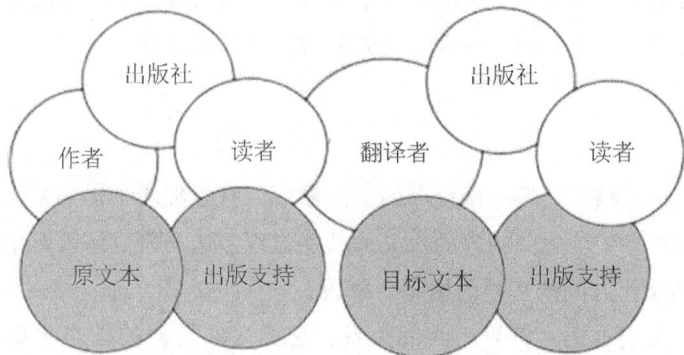

图 5　10 个作用于翻译研究过程中不言自明的行动的效应域

在这 10 个影响域之中，会根据文本产生一些子域，通过它们之间一些关注点相互交织在一起。

5 翻译的转换：关于译者不断增加的可见性

虽然经常被遗忘，但是原文本以及目标文本的出版者的效应域是不容忽视的。事实上，出版者在从前起着文学或艺术事业资助者的作用，他们可以以这一名义影响创作过程，当然无论是在原文本还是在目标文本的建立过程中都是如此。另外，他们会与作者以及译者有不同的兴趣点。作为销售者，他们致力于出版好的，甚或是引人注意的文本。以此为目的，某些出版社毫不犹豫地重新修改、润色作者或者是翻译者的文本，并因此而切断了创作或者翻译的逻辑。

通常情况下，译者很少有足够的话语空间去解释在一部最终由他翻译并出版的著作当中，进行的从一种语言或一种文化向另一种转换的工作中所遇到的困难。译者的名字很少出现在书的封面上。尽量抹去译者及其工作的痕迹。这种情况在近几年中是很常见的，是一件令人遗憾的事实。事实上，出版社应该意识到译者工作的重要性以及译者为了更好地认识他所进行的工作而所进行的选择，并由此更好地理解目标文本出现所涉及的领域。

让译者在译著的前言、后记或者更好是在光盘、U 盘中附上译者对翻译进程的解释，当然是使用词汇的策略，但是通常也是历史的、文明的，等等，这样可以更好地了解译者工作的困难。这是马琳娜·G. 维侯（Marina. G Vihou）在《意识形态与翻译研究》（2016）中关于希腊语的休止一章中所解释的。对于从现实语言向现实语言的翻译比从古代语言向现代语言的翻译更加真实。在这一主题上，对经典法语文本的简单梳理可能生成令人印象深刻的注释，从而让 21 世纪的读者理解（纪尧姆，2004）。因此译者的效应域应当与读者的效应域在很大程度上杂合，可以使得当今的读者理解一门布满陷阱的特殊的语言。

在目标文本的附录处发表通常隐藏在翻译背景中的内容，不仅仅能使翻译者这一工作得以被承认以及职业化，同时使翻译研究的过程更具敏感性。

6 结论

在这里将简单总结一下符号翻译学的研究领域。符号翻译学优先关注在两种或者多种语言、文化的符号系统之间暗含的意义的转换过程。这一研究纳入四个论题：

（1）语言与文化之间的符号的编码与解码；

（2）语言符号与非语言符号之间的关系，它们之间转换的模态，是语言的、人类的、素材的或者文化的；

（3）不同文化符号系统之间的对等；

（4）创作、接受与发行的空间。

以上论题都涉及考虑"10个效应域"（dix sphères d'influence），不仅仅属于原文本与目标文本、作者与译者，同样属于发行支持以及出版社、接受领域以及读者。这些翻译研究学者们在翻译的评论工作中，在优先意义转换情况下，同样可以提供译者的更好的可见性。

参考文献①

［1］CHAGNON Karina. La sémiosphère de Youri Lotman：les frontières de la traduction［EB/OL］. http：//www. academia. edu/10210603/La _ s% C3% A9miosph% C3% A8re _ de _ Youri_Lotman_les_fronti% C3% A8res_de_la_traduction, consulté en février, 2016.

［2］GUIDÈRE Mathieu. *Introduction à la traductologie*. Bruxelles, De Boeck, 2008.

［3］GORLÉE Dinda L. *Semiotics and the Problem of Translation*：*With Special Reference to the Semiotics of Charles S. Peirce*. Amsterdam/Atlanta（GA）, Rodopi, 1994.

［4］GUILLAUME Astrid. *Importance du détail, détails d'importance pour l'étude comparée médiévale*. RICORD Marine（éd.）. *Le parti du détail, enjeux narratifs et descriptifs*, n° 7, Paris, Minard, 2002, p. 49 – 62.

［5］– （éd.）. *Le Nouveau Cynée d'Émeric Crucé, Discours d'État représentant les occasions et moyens d'établir une paix générale et liberté du commerce par tout le monde*. Introduction historique par Alain Fenet, introduction linguistique et édition critique par Astrid Guillaume, Rennes, Presses Universitaires de Rennes, Collection *Textes rares*, 2004.

［6］– *Traduction, sémiotique et praxéologie*. ALEXANDRE Victor（éd.）. *Penser et Agir*：*contextes philosophique, praxéologique et langagier*. Paris：Éditions Le Manuscrit Recher-

---

① 为便于广大读者查找外文原始文献，本译文并未把参考文献译成中文，特此注明。

che-Université, 2009a, p. 395 – 412.

[7] – *La Traduction médiévale : entre implicite et explicite.* MILLIARESSI Tatiana (éd.). *La traduction : philosophie, linguistique et didactique.* Villeneuve d'Ascq, Université Lille 3, Collection *UL3*, 2009b, p. 73 – 77.

[8] – *La Traduction médiévale : de l'implicite vers l'explicite.* BERNER Christian et MILLIAR-ESSI Tatiana (éd.). *La traduction : philosophie et tradition.* Villeneuve d'Ascq, Presses Universitaires du Septentrion, série *Philosophie et linguistique*, 2011, p. 265 – 281.

[9] – *L'interthéoricité : sémiotique de la transférogenèse. Plasticité, élasticité, hybridité des théories. Revue PLASTIR, Plasticités, Sciences et Arts*, n° 37, 12/2014, 2014a, p. 1 – 36.

[10] – *Translating in the Middle Ages versus Translating Today : on Semiotics of Translation (s). Human and Social Studies*, vol. III, n° 2, 2014b, p. 49 – 79.

[11] – (éd.). *Idéologie et traductologie.* Paris : L'Harmattan, 2016a.

[12] – (éd.). *Traduction et implicites idéologiques.* Besançon : Éditions La Völva, 2016b.

[13] LOTMAN Youri. *La sémiosphère.* Limoges : PULIM, 1996 [1966].

[14] MALHERBE Jean-François. *Dit et non-dit. La surprenante fécondité thérapeutique de Witt-genstein.* séminaire donné à la CIMI, Lausanne, le 12 mars 2005.

[15] RASTIER François. *Anthropologie linguistique et sémiotique des cultures.* RASTIER François et BOUQUET Simon (éd.). *Une introduction aux sciences de la culture.* Paris : PUF, 2002, p. 243 – 267.

[16] – *Objets culturels et performances sémiotiques — L'objectivation critique dans les sciences de la culture.* HEBERT Louis et GUILLEMETTE Lucie (éd.). *Performances et objets cul-turels.* Québec : PU Laval, 2011, p. 15 – 58.

[17] ÖZTÜRK KASAR Sündünz et TUNA Didem. *Idéologie et abus de texte en turc.* GUILLAUME Astrid (éd.). *Idéologie et traductologie.* Paris : L'Harmattan, 2016a, p. 87 – 104.

[18] ÖZTÜRK KASAR Sündünz. *Sémiotique de la traduction littéraire.* GUILLAUME Astrid (éd.). *Les Langues Modernes*, n° 1, 2016b, p. 43 – 51.

作者简介

阿斯特丽德·纪尧姆（Astrid Guillaume），法国符号学家。索邦大学语言学副教授，索邦大学丛书主编，法国动物符号学协会（SFZ）主席，国际跨学科研究中心（CIR-ET）秘书长，欧洲多语种研究观察家协会（OEP）创始人及名誉副主席。于 2009 年荣获法国文学艺术骑士勋章。
主要研究方向：字面与非字面意义的转换（历时性与共时性研究）
–符号学及其理论化→ 理论间化、背景转换、翻译背景；

– 动物文化符号学 → 动物符号学、动物语义学、动物词汇学、动物语言学；

– 人类文化符号学 → 翻译符号学、中世纪符号学。

译者简介

冯洁，吉林外国语大学西方语学院讲师，法国索邦大学文学院博士研究生（获得中国留学基金委设立的国家建设高水平大学公派研究生项目资助），天津外国语大学语言符号应用传播研究中心特邀研究员。主要研究方向：叙述符号学、文化符号学、比较文学。

论文选登

语象合治：符号学研究的第三条路径[①]

王铭玉 孟华

　　符号学作为一门"西学"，萌芽于西欧与北美，一开始就是一门充满了西方色彩的现代显学。伴随中国符号学的崛起，一些质疑声也随之而来，主要集中于：除了以索绪尔（F. de Saussure）和皮尔斯（C. Peirce）等人为代表的西方符号学路径之外，中国符号学难以提出自己具有本土色彩的理论。情况果真如此吗？答案是否定的。我们尝试性提出"语象合治"的概念，力图为探索世界符号学的东方之路提供一些新的思考。

1 西方符号学研究以语象分治为特征

　　纵观整个西方符号学历史，索绪尔为代表的符号学派以其语符中心主义、规约性传统占主导地位，其坚持的道路被称为西方符号学的第一条路径。索绪尔开创的结构主义符号学反映的是语本位的思想，实际上是西方拼音字母文化的产物，可以被解释为一种二元对立的语象关系模型：其一，"语"和"象"分离；其二，通过对"象符"的抑制来实现"语符"。索绪尔的语本位符号学就是继承了拼音文字这一"分治"的符号文化传统：第一，坚持语言符号与非语言符号（如视觉性符号要素）的区分；第二，以形式化的语言模型（如任意性、组合关系和聚合关系）去处理非语言符号。显然，语本位符号观的分治立场抑制了非语言符号的编码要素，如图像符号的像似性、直觉性以及实物符号的场景指索性等，把"语法"奉为圭臬，而把"图法"或"物法"搁置一边。

　　与索绪尔几乎同时产生的皮尔斯符号学通常被看作西方符号学的第二条路径（这里的第一和第二不涉重要性排名）。皮尔斯区分了像似符号、指索符号和象征符号，分别代表图像、物象（或物的指示、索引）和语言。皮尔斯与索绪尔的最大区别在于以下四个方面。其一，皮尔斯更关注符号的动态意指关系，而非符号的系统结构关系。其二，皮尔斯关注符号的实体性即符号的外部相关要素，如符号的物质性、解释者、符号指涉对象以及符号的理据性等；而索绪尔的结构主义符号学更关注符号的形式规则，排除符号的实体性要素。其三，皮尔斯的分析模型不同于索绪尔以语抑象的语本位模型，他关注的是意指一个对象世界时不同异质符号之间表达效果的区分：语言的归语言，图像的归图像，实物的归实物。或者说，索绪尔是延宕层面的语象分治；皮尔斯则是分布

---

① 选自《中国社会科学报》2022 年 2 月 8 日第 003 版。

层面的语象分治。其四，皮尔斯以综合的方式而非合治的方式处理了各种异质符号。换言之，他关注的是综合符号家族内部的分治；而索绪尔关注的是语言符号与非语言符号的分治。

2 语象合治可以作为研究的新路径

语象合治的概念是相对于西方语象分治概念而言的，也是我们经过长期思考之后提出的一种符号意指方式，体现了一种中性符号观。在符号世界中，语符号（包括口语、书写语言以及语言的各种补充替代品，如盲哑语、公共标识、数字记号等）和象符号（包括图像、实物、仪式、行为举止之类各种视觉性符号）是广义符号家族中最重要的两翼。所谓合治符号是指："内部隐含、外部关联了多重异质符号要素（主要是语象）并相互跨界、相互补充的符号或符号表达单位。"比如，现代时尚的网络表情包就是图像和语符的合治符号，它既不是图像又不是语言，但又具有语符（文字）和象符号双重编码性质。因此，"合治观"处理的异质符号关系主要是语符和象符的融合关系，简称"语象合治"。

语象合治是符号的普遍现象。在西方，语象符号的合治现象实际上源远流长。众所周知，西方字母文字的重要源头是古埃及圣书字，它自身就由图像化的象形符号和记音化的辅音符号构成，是一个典型的语图合治的符号系统。对中国传统文化而言，语象合治更为典型。比如，我们的传统文字象形汉字常常可同时兼有形符（象符）和声符（语符）两种功能，这种语象身份的模糊性，其实反映了甲骨文本身语象跨界的浑成不分。再如，大约成书于西周的《易经》由两套符号构成：一是具有象形字性质的卦爻象符号（象）；二是承载卦爻象义理的文字书写符号系统即卦爻辞（语）。二者复合成为一个更大的语象合治系统。

我们可以把语象合治区分为移心型合治和执中型合治。"移心型合治"是指语象跨界的同时又保留了跨界的痕迹或语象差异的张力感，人们在符号面前保持了一种多元性意识。"执中型合治"则意味着语象跨界的同时又消解了跨界的裂痕，语象差异的张力感被一种浑成的整体感所取代。前者如古埃及圣书体的象形字，它在进行语象转换时是有形式标记的：比如用作定符（象符）时总是在词的末尾，用作音符（语符）时则置于定符之前，圣书字在语象转换过程中保持了跨界的痕迹即标记。相对而言，甲骨文是执中型语象合治，语符（假借或形声字的声符）与象符（象形或形声字的形符）在语象转换中是无形式标记地隐藏了语象跨界的痕迹。执中型的古汉字代表了东方符号的理据性符号学传统；移心型的古埃及文字表征了自古埃及以来西方的去理据化、任意规约主导的符号学传统。

语象执中型合治观可以从儒家经典那里获得哲学表述。儒家中庸之道最简明概括的说法是"执其两端，用其中于民"，简称"执两用中"，即消解两端的极性对立，采取一种不偏不倚的执中立场。中庸之道在《易传》中体现为执中型语象合治的符号思想：意以象尽，象以言著。故言者，所以明象，得象而忘言；象者，所以存意，得意而忘象。执中型语象传统使中国人倾向于一种整体浑成的意符思维：面对可视形象时倾向于阅读和阐释，面对抽象概念时则喜欢采取可视可感的方式来把握。这种语象之间张力和距离感的消失，带有发生性符号构造的特征：重在对语象合治的浑成性应用而非对语象关系本身进行元符号反观。

当代西方对语象合治思想也有诸多论述，但基本站在移心型立场上描述语象关系。德里达把原始文字或原始书写所包括的语符和象符之间相互过渡的张力运动叫作"异延"。巴特（R. Barthes）、福柯（M. Foucault）、鲍德里亚（J. Baudrillard）、利奥塔（J. Lyotard）、米歇尔（W. Michelle）、洛特曼（Ю. Лотман）等人都对语象关系（如词与图、词与物）的移心型合治关系做过深入探索。美国汉学家费诺罗萨（E. Fenollose）则将执中型语象合治的写意方式叫作"意符思维"。

3 构建语象合治符号学

采用"语象合治"之道，创立中国的符号学方法论并非要单一地推崇语象执中的东方符号思维，否则就是闭门造车和故步自封。我们要怀着包容心态，在东方的执中型与西方的移心型之间构建对话性互鉴关系。

我们的"合治"观包含着两层意思：其一，它是相对于"分治"而言的一个对比项，是对异质符号（主要指语象）分治对立关系的解除；其二，它是一种符号化方式，主要包括移心和执中两种类型。这两点构成的"语象合治"符号内涵，既包含了西方的跨媒介、多媒体、多语式、语象叙事的符号学精髓，又吸纳了中国古老的"中和""意象""六书"思想传统，进而形成了具有东方特征的符号学范式——语象合治符号学。

作者简介

王铭玉，天津外国语大学语言符号应用传播研究中心教授，博士，博士生导师。主要研究方向：语言符号学。

孟华，中国海洋大学文学与新闻传播学院教授。主要研究方向：汉字符号学。

会议综述

"结构与传继：叙述论符号学的最新发展"国际专题论坛综述

李玉凤 高小茹 兰 爽

摘 要：叙述论符号学从出现至今已有 40 余年的历史，它不仅继承了系统论符号学的研究成果，还尝试将源于索绪尔传统的研究与源于皮尔斯理论的研究结合起来，从而涵盖了对于符号及其系统和意指方式等多方面的研究。如今，叙述论符号学已经成为符号学研究的主流之一。鉴于此，由中国逻辑学会符号学专业委员会和中国语言与符号学研究会发起，天津外国语大学语言符号应用传播研究中心承办的"结构与传继：叙述论符号学的最新发展"国际专题论坛于 2022 年 5 月 28—29 日在天津外国语大学举办。本文旨在梳理和总结符号学历史脉络的同时，相互分享和探究更多的研究路径。

关键词：结构 传继 叙述论符号学

1 引言

"结构与传继：叙述论符号学的最新发展"国际专题论坛邀请了来自叙述论符号学及相关研究领域有影响力的专家和青年学者，包括雅克·丰塔尼耶、王铭玉、赵毅衡、张智庭、王军、李双、冯洁、王天骄、黄超彬、李梦一、张彦梅等。会议为期两天，围绕叙述论符号学、图像符号学、激情符号学、话语理论等前沿论题，进行了 11 场主旨报告，并设立延伸引介和专家答疑环节，有 600 多人次参会交流。

近几十年来，符号学的发展势如破竹，符号学在中国也得到了迅速的发展。符号在社会生活中的角色日益凸显，符号的社会价值被提升至新的历史高度。其中，巴黎符号学派的研究成果颇丰。该学派源自普通语言学，以意指行为活动为研究对象，诞生于 20 世纪 60 年代结构主义的浪潮之中。早期以立陶宛裔法国符号学家格雷马斯为核心，其主要思想包括结构语义学、叙述论符号学、激情（情感）符号学和话语符号学理论等。鉴于此，本次论坛邀请国内外的专家学者共济一堂，就此论题展开对话共享，传继未来，旨在搭建国际间学术交流平台，推动中国符号学的理论发展和方法创新，进一步推进符号学的学科建设和人才培养。

2 叙述论符号学的缘起

语言学方向的符号学研究是相对哲学方向、逻辑学方向、自然科学方向而言的，其理论基础是由瑞士语言学家索绪尔奠定的。这一学术方向经过雅各布森和叶姆斯列夫的理论发展，继而影响了包括格雷马斯在内的法国符号学活动。

在论坛开幕式的学术致辞中，天津外国语大学王铭玉教授回顾了巴黎符号学派的发展历程。20世纪60年代，巴黎符号学派的领军人物格雷马斯在语义学和叙事学的研究基础上，提出了将符号学作为人文科学认识论和方法论的基础的宏伟构想。格雷马斯的理论视符号学为一门独立的学科，并创造了著名的符号学"巴黎学派"。王铭玉认为，法国一般符号学和部门符号学的认识论和方法论都具有明显的文学符号学特点，而格雷马斯的符号学理论不仅表现在语言和文学符号学的一般领域和部门领域，还表现在人文科学的各个领域中，如语言、文学、电影、哲学、美学、史学、社会学、人工智能和各门艺术科学等。各领域的研究共同奠定了跨学科和应用符号学的研究趋向。

格雷马斯提倡的新语义学旨在理论语言学水平上拟制语词义素描述大纲，而不在于为内容平面无穷无尽的意义进行分解和分类。格雷马斯认为语义研究必须分两步走。第一步是建立一套能够与被分析的语言对象区别开来的术语，区别工具与研究对象，以避免不必要的概念混淆。第二步则是确定义素的存在方式。王铭玉指出，格雷马斯的"结构语义学"谈的是语义的结构，或用结构主义的方法来分析语义。他认为，可以将叙事学看作一门对各类叙事作品（如神话、民间故事、小说、叙事诗等）的叙述技巧和叙述模式及与其相关的各种理论问题进行研究，并试图从中总结出某种理论原则的科学。在格雷马斯叙事语义学中，最富独创性和应用性的贡献之一即所谓"符号学方阵"的分析法。对他来说，符号学意味着转化的过程，即意义的产物。因此，"符号学方阵"是一切意义的基本细胞，语言或语言以外的一切"表意"都采取这种形式。

王铭玉还指出，话语分析与叙事学之间具有关联性特征。话语分析和叙事学是人文社会科学中普遍采用的研究范式，尽管二者源自不同的传统，但都具有相同的哲学基础和相似的发展历程，且都关注语言与事件，并兼具跨学科的特点。基于以上这些共同点，王铭玉对本次会议的关联主题叙事学从俄罗斯话语研究的角度做了有益补充。俄罗斯话语研究始于20世纪七八十年代，在遵循着西方话语研究从现代主义到后现代主义，从结构主义到后结构主义研究衍变轨迹的同时，也带有浓厚的本土色彩。他以俄罗斯传统语言学研究为基点，综述当下话语研究热点议题和研究方法等内容，以此梳理俄罗斯话语研究的发展脉络。王铭玉对当代俄罗斯话语研究也提出了自己的思考。他认为，目前俄罗斯话语理论的相关研究欠缺，未成系统；植根于语言学的话语研究依然以描写为主，话语研究方法单一，以定性为主；俄罗斯的大多数话语研究仍停留在作为语言研究的话语理论中，未完成话语研究的终极目标——导向功能。总的来说，当代俄罗斯话语研究根植于本土语言学，以理论见长，在人类中心论范式的影响下围绕"人"作为主要研究路径，且具有明显的跨学科趋势，是世界话语研究的重要组成部分。

在谈及法国符号学所走过的路径时，张智庭教授依次回顾了索绪尔、叶姆斯列夫、格雷马斯三位学者的符号学思想对于法国符号学发展的影响。作为符号学的起源，索绪尔对结构语言学的论述是基于二元对立原则并不断发展和演变的。其中，对于"形式"

与"实质"这两个概念的阐述主要侧重于说明事物内在属性和外在表征之间的联系。张智庭也强调，此时的形式是内在的，而实质却是外在的物质表现。在索绪尔的符号学理论基础上，一批有影响力的符号学家，如乔治·穆南（Mounin G.）、吉罗（Giraud P.）及雅克·拉康（Lacan J.）等对于索绪尔结构理论的提炼与升华促使传播符号学进一步发展。而法国结构主义人类学创始人列维–斯特劳斯（Lévi-Strauss C.）和法国符号学家巴尔特（Barthes R.）则对符号意指研究进行了开拓性的探索。此外，张智庭教授还特别赞誉了美籍俄裔语言学家罗曼·雅各布森（Jakobson R.）的语言六功能、音位系统、隐喻与换喻等论述对于法国符号学的发展所起到的重要"启动"作用。法国结构主义的符号学研究于 20 世纪 60 年代中后期达到高峰，随后虽然结构主义的过度多元化在"五月运动"的冲击之下一度没落，但"结构"的概念却历久弥新。

叶姆斯列夫（Hjelmslev L.）首次提出了"文本分析"的概念，开启了"言语的语言学"研究的新篇章。张智庭认为，叶姆斯列夫对于符号学的主要影响在于沿用了索绪尔"语言是一种符号系统"的论述，并将其应用归纳为各种功能的实现。因此，"符号既是内容实质的符号，也是表达实质的符号……"（Hjelmslev，1985：183—184）。在前人的基础上，格雷马斯从 20 世纪 70 年代中期开始创建了真正意义上的"模态理论"。它直接关系着后来有关激情符号学（sémiotique des passions）和张力符号学（sémiotique tensive）的探讨。由此，张智庭将巴黎符号学派的贡献归纳为以下四点：①将"言语活动"与"语言"的研究合二为一；②集中于"内容之形式"的文本或话语研究；③拓展了符号学的研究范畴；④成为法国符号学研究的主流。同时，张智庭还明确提出了对"sémiologie"和"sémiotique"两个术语译名的思考，他将"sémiologie"称为"系统论符号学"，并把表示"巴黎符号学"的"sémiotique"改译为"叙述论符号学"。两者之上再冠以"结构论符号学"之名，作为两者的"上位词"。

3 叙述论符号学的演变

对于法国符号学过去 30 年（1992—2022）的演变历程，法国利摩日大学丰塔尼耶教授（Jacques Fontanille）认为，符号学的发展是各种概念上的合取与协同，其中包括：①假象理论；②符号学作为翻译不可译成分的工具；③感知符号学、感受体符号学和情感符号学的发展；④行为者理论的转变。比如，假象既是对社会互动的符号学透视，其本身又在相互作用的环境中循环。也可以说，假象是互动环境中不断循环的意义效果。"假象（simulacra）"让我们社会化，让我们融入文化中，既微妙又有效，而假象理论"就在于要从历史序列的角度，为后现代文化设定一个坐标系"（赵元蔚、鞠惠冰，2014：158）。在其视域下，激情可以被理解为是在我们互动的环境中循环假象的一部分。格雷马斯结构语义学认为，感知是一种符号化行为。让–弗朗索瓦·博尔德龙（J. F. Bordron，2011）将这种感知符号化分为三个阶段：领悟、拟象化、认同。领悟阶段主要是指受到来自外界的感官刺激；拟象化是形式的稳定和印象的维持阶段；认同阶段则是对形式的充分而持久的识别。因此，对于激情符号学来说，它们已远远超出了模态描述（知道去做、能够去做、必须去做等）范畴，无论其大小和构成如何，它们都是互动环境下流通的那些"假象"的一部分，是在符号场景中弥散着的普遍属性。

社会领域的扩展，以及符号学向技术领域（人类、非人类和非生物）的扩展，意味着行动元形式的多样化，从而导致行为域（actancedomain）的重构。在语言学中，"行为结构"被描述为"谓词事件环境"的一部分，它描述了言语活动组织谓词与名词及施事环境之间关系的方式。在符号学中，行为域的结构是由三个"人类区域"（anthropic zone）——身份区、近端区和远端区——组成的人类学模型提供的。行动元是不稳定的，它可以被不断地组合、分解和重组，而行动域的主要动力则在于它自身的完整性、形变性、识别力以及它的持久性。因此，行为这一概念让位于一个全新的和互补的问题：异质性构成模式的符号相关性以及行为者形变的潜力。最后，丰塔尼耶提醒道，结构论符号学终归不是一成不变的，其中的每一个要素都可以被重新考察、重新检验和重新建构。

围绕把意义转换为意指结构这一基本问题，丰塔尼耶总结了过去30年里结构论符号学发展的七种方法取向：①转换—重新表述方向；②动态形态学方向；③社会互动方向，偏向"过渡"概念；④张力方向；⑤实践方向；⑥有关陈述时位和客体化过程的方向；⑦蜕变—翻译方向。在丰塔尼耶看来，上述七种方向不仅相互兼容，还带有不同的意指维度，并遵循同一种移位路径的基本原则。

天津外国语大学李双博士认为，1992年格雷马斯去世之后，巴黎符号学派继续在符号学诸领域深耕。在学理和方法论上，尤为突出的进展主要表现在三个方面：对身体、感知与情感的研究，主体符号学研究和张力符号学研究。格雷马斯将激情符号学研究的大纲交给了三位重要合作者，他们是丰塔尼耶、埃诺以及朗多夫斯基。以上三人分别在这方面拓展研究，并先后出版了专著成果：《激情符号学》（1991）、《能够作为一种激情》（1994）、《无名的激情》（2004）。对于主体理论进行的系统阐述从20世纪80年代就已经开始，通常与格雷马斯的叙述论符号学相区分。对主体符号学作出突出贡献的是科凯，他重视语言内在结构的研究，同时也关注话语的陈述机制。他将内在性（immanence）与现实性（realite）区分开，强调意指过程中身体的重要性："身体的在场是第一位的……正如梅洛·庞蒂所说，正是'这个自然场所'，外部世界的经验被感受、被传递。"（Coquet J. C.，1997：5）但主体和非主体并非一成不变的，而是根据具体情境有所改变和移动。此外，张力的研究以叙述论符号学为基础，肇始于20世纪90年代，为复杂性、张力性、身体以及感知维度研究提供了新的可能。张力由两个维度构成：强度与广度。二者可以通过平面上的坐标系数轴来体现，纵向数轴为强度，横向数轴为广度，因此不论强度和广度都可以看成从零点到最大化（甚至无限大）的渐变。

作为一种新思路，对文化符号学进行的分析建立了文本与客观世界之间的联系，为叙事符号学研究提供了一种补充。在此基础上，格雷马斯的学生弗朗索瓦·拉斯捷提出了"素材语言学"，从更广义的角度进行文本分析。其中，"整体决定部分"的原则，涉及符号学研究中意义的更高层次，并把现实世界、素材、话语、文学体裁等内容纳入符号学的研究中，研究这些因素对于意义产生所起到的互文性作用。法国巴黎索邦大学冯洁博士依此进行研究并提出，文化符号学是文本符号学的重要组成部分，创作背景则属于文本的潜在阶段。文本范畴之间形成某种关联性与结构性，作为一个整体，从而形成了一个封闭的系统，也就是符号域。而文本意义的建构最终归结为一种价值，文本的建构同时也是价值体系的建构。在文本的内部，这种价值在叙事的"操纵"阶段表现为一种契约的签订，其价值信息在文本中具有"传递性"与"递归性"。

在格雷马斯看来，符号学的特点是有广泛的研究领域，可以解释所有的社会话语，其中就包括图像这种非言语活动。法国巴黎索邦大学李梦一博士依据视觉符号学的创始文本研究讨论了以图像分析方法进行的造型陈述，即图像陈述，并对法语国家图像符号学的主要理论流派进行了简要介绍和评价。格雷马斯提出语言是一种社会规约，视觉系统构建了语言，我们能够通过体现差异性的符号学矩阵进行分类和视觉诠释。而弗洛什提出的半象征系统强调表现的特征和意义的变化，是一组能指和一组所指的对应等值关系，在图像中表现为同一背景下的对比差异。比利时 μ 团队则更偏向于科学领域的探讨，有一套系统的视觉分析理论，对空间、色度、边界等提出了具体的看法。最后，李梦一认为，经过30多年的发展，法语国家的图像符号学虽已经自成体系，但作为一门新兴学科，其研究领域仍有一定的局限性，如二元性思维中的一些方法并不完全适用于中国文化的图像分析。李梦一指出中国图像符号学可探索的范围仍然很广泛，未来我们可以结合中西方文化的相似性与差异性，提出更具有包容性、实践性的方法论。

法国里昂第二大学张彦梅博士从理论、主题分析和反思三个方面来阐述"激情"与"动作""认知"的互动关系。以此为契机，张彦梅对好奇心的词素以及在互动中的相关激情进行了深度剖析，并通过《红楼梦》中的一个片段探讨话语中的好奇心。张彦梅认为，好奇心是关于爱的激情。好奇心的价值对象是真理，这可以借助诚信矩阵来确认。在前人研究的基础上，张彦梅提出了"好奇心"的定义。她指出，好奇心是主体在面对不稳定的"相信"时所表现的"想要—懂得"真相的激情。好奇心的符号学矩阵也表明了在好奇心的探索过程中总会存在激情与动作和认知之间的不断互动和渗透。最后她通过分析贾宝玉初见林黛玉的场景中的好奇心，总结出激情是复杂且易变的现象，且会因为自身的张力变化而变化。同时，意指内容也在相互区别和相互联系中被解读。其实不只是好奇心，其他激情也都是在互动中不断变化着的，因为系统并不总是按照我们的设计规划来构建，所以我们需要适时调节以维持其动态的稳定与和谐。

4 叙述论符号学的发展

叙述是人的本性，无论是早期的人类活动、幼儿的成长过程，抑或人类无意识的梦境活动，其本质都是在讲述事件，具有叙述性质。循着叙述论符号学的盘根错节一路而上，又相继衍生发展出了多重叙述分析模式。四川大学的赵毅衡教授认为，面对现象世界——想象世界，人可以用两种方式处理：一是从抽象中思索出所谓"共同规律"；二是从具体的细节中找出一个"情节"，即联系事件的前因后果。如果无法作贯通理解，经验就会散落成碎片，既无法记忆存储，也无法传达给他人。在赵毅衡看来，所有的符号都可以用来叙述。人类的文化也同样是叙述化的，无论是国学热、旅游热、古迹热、奥运热、消费热、品牌热，甚至是食品安全，小说与电影中的故事讲述，都在印证着"叙述是文化的，文化是叙述的"。赵毅衡主张，叙述需要卷入人物，但不能要求人物必须用某种特定方式卷入事件，意即叙述是"有意义的有关人物的事件"。

通过文本意向性，赵毅衡将叙述体裁分为纪实型和虚构型，并对两种体裁进行了"时间—模态"的细则划分。由两种叙述体裁应运而生了两度区隔划分，即一度区隔的纪实再现与二度区隔的虚构再现。"一度区隔"是经验现实或纪实再现的统称，经验直观地作用于感知。再现，则必须用一种媒介——载体，才能被感知。"一度区隔"之后，不再是被经验的世界，而是"存在于媒介性中"的符号世界。譬如，演员表（角色转换提示）、免责声明之类的虚构框架标记，都进入二度再现，即虚构性叙述故事片。而片尾职员表，又回到一度再现纪录片。此外，符号框架就是把框架中再现的世界与外界隔绝开来，让它自成一个世界。在同一层次的框架内，再现并不表现为再现，虚构也并不表现为虚构，一切显示为真实。虚构叙述中的"现实感"是搁置框架的结果，叙述文本在这个框起来的世界中就是"纪实性"的，是在叙述"经验事实"。只要搁置框架，虚构叙述与纪实性叙述，就可以产生风格形态的巨大差异，不再有本体地位的不同。

基于赵毅衡（2013）提出的广义符号叙述学的一些基本要素，包括文本性质、叙述者、二次叙述化、底本与述本以及时间与情节，苏州大学王军教授对应对重大疾病过程中人们所普遍使用的战争隐喻架构进行了分析，旨在揭示这种特殊的符号叙述文本的意义表达机制。根据赵毅衡（2013：191）的观点，广义叙述学把一切纳入研究范围，研究对象是所有各种"讲故事"的符号文本。广义叙述的体裁分为记录类、演示类和意动类。与陈述相比，叙述的结构更加复杂，主体更加多元（冯月季，2020：176）。因此，概念隐喻显然是一种叙述行为。但王军认为，概念隐喻叙述相对于以往的符号叙述体裁有其特殊性，故而难以被简单归类在上述的分类中。首先，概念隐喻叙述是多层级叙述的集合，同时它也是离散性语言符号的集合；其次，概念隐喻叙述既可以是单一文本，也可以是多重文本的共时或历时的集合；最后，概念隐喻叙述的叙述主体是多元的。以战争隐喻为例，叙述者一般包括三个方面：源域叙述（战争过程），即基于常识的集体叙述；目标域叙述（疾病治疗），即医生叙述、病人叙述、一般人叙述等；隐喻叙述（抗疫战争），如政府机关、官方媒体、自媒体和个人。

叙述化（narrativization）发生在"文本构成过程中"，通过"在一个文本中加入叙述性（narrativity），从而把一个符号文本变成叙述文本"。而二次叙述化则"发生于文本接收过程中"，是一个"追溯出情节的意义"的过程，一个"不断构造的（structuring）过程"。（赵毅衡，2013：106）在战争隐喻中，叙述化是战争过程，我们在形成战争和疾病的整体认知之后，获得战争隐喻的认知结构。二次叙述化指新闻报道及各类媒体中使用的战争隐喻，旨在让受众接受。战争隐喻中的底本是综合性的，包括处在两个层次的三个次级底本：战争底本、疾病底本；战争隐喻底本。每一篇抗疫报道都作为一个述本，从综合性底本中选择需要凸显的成分（如阻击战、歼灭战、消灭、战胜），同时也会屏蔽某些成分（如爆炸、火药味、俘虏）。叙述都是按时间顺序展开的，除战争、疾病以及战争隐喻所体现的时间进程（战争前、战争中、战争后）之外，叙述本身也具有时间性，包括即时叙述、过往叙述和将来叙述。抗疫战争隐喻中的情节因相似而产生映射、整合效应。作为一种重要的叙述类型和叙述手段，战争隐喻叙述拥有基本完整的叙述结构特征，能够更加生动有效地影响、改变人们的思维，促使人们采取相应的行动。

法国巴黎索邦大学（巴黎四大）王天骄博士从定义、类型和运用三个方面探讨了法国符号学的基本结构。他认为，对符号学基本结构的理解还是得借助"符号学"这个术语的定义。根据格雷马斯和库尔泰斯（Greimas A. J. & Coutes J.，1993）所述，"符号学"表示一种我们尝试辨别的实体，该实体通过某种形式来表示；同时"符号学"也是求知的对象，我们通过对它的描述来理解它。王天骄还介绍了符号学的四种基本结构，即二元结构（the binary structure）、符号矩阵（the semiotic square）、三元结构（the ternary structure）和张力结构（the tensive structure）。这四种结构都可以用几何图形清晰地表达出来，属于形式分析的范畴。王天骄通过《灰姑娘》、鲁迅的《药》和帕斯卡的《思想录》等文本示例指出，每一种结构都可以根据文本需要而进行演变发展，这充分证明符号学基本结构的灵活性和强大解释力。

广东外语外贸大学黄超彬博士通过内心语言这一议题逐步解释法国话语理论视角中的陈述语言学的话语意义。索绪尔在《普通语言学教程》中提到内心语言，强调了音响形象的心理属性，认为内心语言是一种包含声音与意义的心理印象。可以说，内心语言是形式和意义的联结。黄超彬指出，为了寻找话语当中内心语言的痕迹，我们可以去寻找前语言化的意义，即一种原初整体意义的自身存在。在分析话语意义时，句子的整体意义大于词义的总和，因而句子的意义同时具有可言与未言两部分。在意识写作中，未言意义主要通过逗号和省略号表达出来。黄超彬还从指称、语义和话语三个层面对典型叙事文本中的 ce qui/que 做了示例分析，表明前语言化的意义可以在动态话语构建的过程中得到呈现。

5 结语

　　"结构与传继：叙述论符号学的最新发展"国际专题论坛的举办表明，符号与人类文明及其所处的外部世界有着极为密切的联系，而符号学作为一门研究符号的本质和运作规律的科学具有格外重要的意义和价值。符号学研究能够让我们更加准确地理解不同话语的文本意义的生产和建构。如今，叙述论符号学已经成为符号学研究的主流之一，它不仅继承了系统论符号学的研究成果，还尝试将源于索绪尔传统的研究与源于皮尔斯理论的研究结合起来，从而涵盖了对于符号及其系统和对于意指方式等多方面的研究。在此基础上，中国符号学应立足本土文化符号资源，合理借鉴法国、俄罗斯等国的现有研究成果，致力于把握叙述论符号学研究的趋势和热点，从而推动我国本土符号学理论的进一步发展。

参考文献

［1］Benveniste, É. *Problème de linguistique généréle*, 1［M］. Paris：Gallimard，1966.

［2］Benveniste, É. *Problème de linguistique généréle*, 2［M］. Paris：Gallimard，1976.

［3］Bordron, J. F. *L'iconicité et ses images. Etudes sémiotiques.*［M］. Paris：Presses Universitaires de France，2011.

［4］Coquet, J. C. *La quête du sens*［M］. Paris：PUF，1997.

［5］Greimas, A. J. & Courtés, J. *Sémiotique-dictionnaire raisonné de la théorie du langage*［M］. Paris：Hachette，1993.

［6］Hjelmslev, L. *Nouveaux essais*［M］. Paris：PUF，1985.

［7］冯月季. 可述性：从符号叙述学界定新闻价值［J］. 符号与传媒，2020（1）：172 – 184.

［8］格雷马斯，库尔泰斯. 符号学：言语活动理论的系统思考词典［M］. 怀宇，译. 天津：百花文艺出版社，2020.

［9］赵毅衡. 广义叙述学［M］. 成都：四川大学出版社，2013.

［10］赵元蔚，鞠惠冰. 鲍德里亚的拟像理论与后现代消费主体［J］. 社会科学战线，2014（1）：158 – 162.

An Overview of the International Thematic Forum "Structure and Succession: Latest Development in Narrative Semiotics"

Li Yufeng   Gao Xiaoru   Lan Shuang

(Tianjin Foreign Studies University)

Abstract： Narrative semiotics has a history of more than 40 years since its emergence. It not only inherits the research achievement of systematic semiotics, but also attempts to combine the thoughts originated from Saussure and Peirce, thus covering the research from all perspectives: signs, systems, and signification. Nowadays, the narrative semiotics has become one of the mainstream of semiotic research. In the light of this, the international thematic forum "Structure and Succession: Latest Development in Narrative Semiotics" was held in Tianjin Foreign Studies University on May 28 – 29, 2022, which aims to comb and summarize the historical thread of semiotics, share and explore more paths for further studies. The forum was initiated by the Committee of Semiotics of the Association for Logic in China and the Chinese Association for Language and Semiotic Studies, and was undertaken by the Research Centre for Linguistic Semiotics in Tianjin Foreign Studies University.

Keywords： structure; succession; narrative semiotics

作者简介

李玉凤，博士，副教授，硕士生导师，天津外国语大学语言符号应用传播研究中心研究员，主要研究方向：文化符号学、语言符号学、教育符号学。

高小茹，天津外国语大学硕士研究生，主要研究方向：语言符号学。

兰爽，天津外国语大学硕士研究生，主要研究方向：语言符号学。

《语言与符号》征稿启事

　　《语言与符号》为天津市普通高校人文社会科学重点研究基地天津外国语大学语言符号应用传播研究中心编辑出版的中文学术辑刊、中国语言与符号学研究会会刊。著名学者、北京大学资深教授胡壮麟先生任编委会主任，中国语言与符号学研究会会长王铭玉教授任主编，北京航空航天大学出版社出版。主要刊登符号学和语言学方面的学术文章，设有思想快递、理论研究、学术专栏、论文选登、译文选登、书刊评介、人物访谈、学术动态等栏目，旨在为我国学者提供学术交流平台，推动语言与符号学研究在我国的发展。

　　投稿请发至 yuyanfuhao@163.com，审稿周期为 4 个月，4 个月未回复采用可另投他处。稿件刊出后将赠送两本样书。

　　欢迎赐稿！

稿件体例：

Peeter Torop 的文化符号学翻译观

×××

（××××大学）

摘　要（宋体小五）

关键词（宋体小五）

英文题目（Times New Roman 四号）

英文作者姓名、单位（Times New Roman 五号）

英文摘要（Times New Roman 小五）

英文关键词（Times New Roman 小五）

1. 前言（宋体小四加粗）

2. 文化符号学

　　2.1　塔尔图—莫斯科符号学派（宋体五号加粗）

　　2.1.1　塔尔图—莫斯科符号学派的理论基础（宋体五号加粗）

　　2.1.1.1　俄罗斯的传统人文思想（宋体五号）

　　正文（中文为宋体五号，外文和数字为 Times New Roman 五号）

引文夹注格式：（刘润清，2002：403）、（Richards，1986：8）

脚注每页重新编号，序号为带圈的阿拉伯数字，不使用尾注。

参考文献

[1] Allott, R. Language and the Origin of Semiosis ［A］. *Origins of Semiosis：Sign Evolution in Nature and Culture* ［C］. Berlin：Mouton de Gruyter, 1994：255 – 268.

[2] Barnstone, W. Translation Theory with a Semiotic Slant ［J］. *Semiotica*, 1994, (1/2)：89 – 100.

[3] Gorlée, D. L. *Semiotics and the Problem of Translation* ［M］. Alblasserdam：Offetdrukkerij Kanters B. V. , 1993.

[4] 陈宏薇. 社会符号学翻译法研究 ［J］. 青岛海洋大学学报, 1996, (3)：88 – 93.

[5] 霍克斯. 结构主义和符号学 ［M］. 瞿铁鹏, 译. 上海：上海译文出版社, 1997.

作者信息：姓名、性别、单位、职称、学位、主要研究方向、邮箱地址

基金项目：项目名称、项目号

中心网址：http：//yyfh. tjfsu. edu. cn/

电子信箱：yuyanfuhao@163. com

办公电话：(022) 23230917

通信地址：(300050) 天津市和平区睦南道 28 号天津外国语大学语言符号应用传播研究中心